SV

»Liebe Sonja«, schreibt David in diesen aufklärenden, verzweifelten Briefen an eine angebetete Mitschülerin von einst, »zurückzuschauen ist nicht immer die beste Idee: Da ließ der Herr Schwefel und Feuer regnen vom Himmel herab auf Sodom und Gomorrha und vernichtete die Städte und die ganze Gegend und alle Einwohner der Städte und was auf dem Lande gewachsen war. Und Lots Frau sah hinter sich und ward zur Salzsäule.«

Dennoch hält er Rückschau: Damals, in den »klebrigen siebziger Jahren«, wollte Sonja wissen, was ihn an Heavy Metal, an Zombie- und Pornofilmen und Horrorcomics denn fasziniere. Jetzt, in den Briefen, holt er aus, zitiert Gräßliches und definiert theoretisch: Drastik, das ist »die kulturindustrielle Form, die das Selbstwunsch- und -angstbild von modernen Menschen annimmt, wenn die sozialen Versprechen der Moderne nicht eingelöst werden …« Doch angetrieben wird seine Erklärung von der eigenen Geschichte: einem kaputten Elternhaus, der Sonjafixierung, Drogenerfahrungen, einem Zusammenbruch.

Nein, die Liebe zur Drastik ist kein Spiel, sagt der Briefschreiber, und die zu Sonja, der er Drastik und Deutlichkeit erklären möchte, erst recht nicht. Wie gehören beide zusammen? Dietmar Daths waghalsiger Romanessay gräbt in der Geschichte einer Jugend nach Antwort.

Dietmar Dath

Die salzweißen Augen

Vierzehn Briefe
über Drastik und Deutlichkeit

Suhrkamp

Kleine Teile des Textes sind in anderer Form in den Jahren 1998 bis 2004 in *Spex* und der *Frankfurter Allgemeinen Zeitung* erschienen.
Der Autor des Buchs ist mit dem fiktiven Verfasser der Briefe nicht identisch. Alle nichtöffentlichen Personen sind erfunden. Nur den Engel von der Küste gibt es wirklich.

Erste Auflage dieser Ausgabe 2023

Umschlaggestaltung nach Entwürfen von hißmann, heilmann, hamburg
Druck: Books on Demand GmbH, Norderstedt
Printed in Germany
ISBN 978-3-518-24389-3

www.suhrkamp.de

»Schütteln, schütteln,
bis ich Farbe bekomme.«
Kristof Schreuf

»The Sacred Heart is bleeding,
go tell the Holy Ghost.«
Phil Lynott

Für Henning Ritter
und S. W.
in Verteidigung des richtig Schlimmen.
Non tali auxilio nec defensoribus istis

Programm

Brief über die Bestimmung des Gegenstands und das Eigentum am kulturellen Gift

Liebe Sonja,

Wenn das hier fertig ist, verreise ich weit weg, vielleicht übers weite Meer nach Amerika, und schick' es Dir von dort. So etwas muß nämlich aus der Ferne kommen, mit fremden Briefmarken drauf, ohne Absender. Die Entstehungsbedingungen garantieren schon genug erzwungene Unmittelbarkeit – ich werde schreiben, was lange vorformuliert ist, es dann aber nicht mehr überarbeiten, nicht hübscher machen. Alle Unterbrechungen, Ablenkungen, gescheiterten Anläufe bleiben erhalten. Du sollst nachvollziehen können, wie die Sätze entstanden sind. Eins verstehe ich dabei selber kaum: Es ist lange her, daß Du mir Anlaß dazu gegeben hast, alles aufzuschreiben, was folgt, aber es kommt mir trotzdem dringend vor.

Weißt Du noch, wann das war? Bevor Du mich auf dem Hof gefragt hast, wie es mir geht, und sich dadurch alles änderte; bevor Paul den Computer entdeckt hat, als seinen neuen Lebensmittelpunkt, und die diskrete Mathematik; wenige Jahre also, bevor ich mit dem Schreiben angefangen habe, und doch allem Späteren entrückt, eine andere Weltzeit. Zurückzuschauen ist nicht immer die beste Idee: Da ließ der HErr Schwefel und Feuer regnen vom Himmel herab auf Sodom und Gomorra und vernichtete die Städte und die ganze Gegend und alle Einwohner der Städte und was auf dem Lande gewachsen war. Und Lots Frau sah hinter sich und ward zur Salzsäule.

Wir standen meistens in der Raucherecke am Fahrradständer und redeten über Heavy-Metal-Platten und Zombiefilme, über Horrorcomics, den Mann mit dem Schwert, die Frau mit dem Gift und darüber, wie die Söhne der Königin von der Hand ihrer Mutter starben – über die Legenden der Vorzeit also, und jede Geschichte war so gut und so wahr wie jede andere.

Paul hatte den Schlüssel: »Du darfst nicht vergessen«, hat er einmal gesagt, als es darum ging, daß alle Erwachsenen tot sind und es nicht wissen, »daß das, was du nicht sagen darfst, aber denkst, mehr mit dir zu tun hat als das, was andere von dir hören wollen, mehr als das, was andere für dich und deine Besonderheiten halten. Irgendwann wirst du einen Job haben, und dann sitzt du in einer Konferenz, und dein Chef hält einen hirnlosen Monolog, der einfach nicht aufhören will, und du haßt ihn dafür, daß er nicht genug Format hat, das bleiben zu lassen, diesen Mißbrauch der Angestellten als Taschentücher, Spucknäpfe und zur Selbstbespiegelung, aber du denkst, daß dich dieser Haß stört beim Erfolg, beim Weiterkommen. Dabei bist du das selber, dieser Haß, und es lohnt sich nicht, weiterzukommen, wenn man sich selber dabei nicht mitnehmen darf. Haß, zielloser Tatendrang, Zerstörungslust, Geilheit, alles, wovon die Platten und die Filme handeln, die uns gefallen: Das ist wirklich wichtig. Man vergißt es später nur, weil man vor lauter Angst verblödet.«

Er redete, als er das sagte, über seinen hochpragmatischen Vater und dessen Arbeit beim Radio in Baden-Baden, faßte also ein Dutzend väterliche Berufsjahre und was er mittelbar davon wußte in einer knappen Anekdote und einer harschen Wertung zusammen; aber auf all das kam es dabei nicht an, nur auf die Prophezeiung.

Ich habe mir das damals als eine seiner weisesten Einlassungen aufgeschrieben, aber ich wußte nicht, daß es der Schlüssel war zu allem, was mich später je interessieren würde, weil ich das Schloß noch nicht kannte.

Du hast uns manchmal zugehört, warst zwar nicht oft dabei, aber wenn, dann aufmerksam. Und einmal hast Du mich schließlich gefragt, warum ich mir dauernd diese ganzen abscheulichen Sachen ansehe und -höre. Als wäre das Leben nicht schon häßlich genug, sagtest Du, vervielfältigen die Hersteller dieser abscheulichen Sachen mit ihren extrem deutlichen Bildern und Geräuschen, ja, überhaupt mit allen Mitteln, die sie in die Finger kriegen, ständig verantwortungslos und profitgierig, was ohnehin fortlaufend an Widerlichem auf der Welt geschieht. Hattest Du, als Dir diese Frage einfiel, wirklich vergessen, was wir gemeinsam haben? Wußtest Du nicht mehr, aus welchem Jahrhundert wir beide stammen? Was da geschehen war, wie wir uns das hatten erklären wollen, was dabei dann notwendig schiefgehen mußte, und immer so weiter?

Du hättest also, sagtest Du mir, gern gewußt, wieso ich mir diese billigen bösen Träume zumute. Hätte ich das mit der Frage kontern sollen, warum Du Dir dieses billige böse Leben zumutest? Dich bitten sollen, mir zu erklären, wie das geht, so selbstgefällig zu Hause in der Identität der absoluten Gegenwart einer über sich selbst und fast alles andere aufgeklärten und sogar, mit fünfzehn Lebensjahren, schon ein bißchen *gebildeten* Bewohnerin der Moderne, über das wirre, wüste Treiben in den fiesen Zonen zu Gericht zu sitzen, in denen es, Du hast ja recht, auf jeden Fall dunkler und dreckiger war und ist als in Deinem Kopf?

Hätte ich Dich fragen sollen, wie man sich einrichtet im Besserwisserleben?

Schon gut, laß nur: Es war und ist ja auch meins. Es gibt

längst kein anderes mehr für alle, die überhaupt noch etwas von dem verstehen wollen, was wir modernen Leute dauernd tun.

Nicht Besserwisser sein, das ist für die, die noch denken dürfen und nicht nur funktionieren sollen, so unmöglich geworden wie: Nicht modern sein. Jeder noch so ehrlich empörte antimoderne Affekt, jede Nostalgieneigung zu ursprünglicheren Zuständen, jeder gegen die Gegenwart gerichtete ernste Gedanke wird selbst sofort ein Moment dieser Moderne, im peinlichsten Fall ein bloßes Epiphänomen der in ihrem Begriff verewigten Gegenwart, die offenbar, allen übereilten postmodernen Grabreden zum Trotz, wohl doch auf, sagen wir: *längere Zeit* über uns gekommen ist.

Wann hat sie angefangen?

Das ist sehr einfach zu beantworten; man muß dazu nicht einmal was über die Dampfmaschine, die Aufklärung, die Menschenrechte oder die Französische Revolution wissen. Sie hat angefangen, als das erste Mal jemand der Meinung Ausdruck gab, etwas müsse wohl gut, zumindest aber wichtig sein, da es doch neu sei.

Der Fluch des Fortschritts jagt sich seither selber; auch wer ihn als ganzen wieder abschaffen wollte, könnte mit Bemühungen in diese Richtung nur einseitig den besonderen Fortschritt moderner Schrecken fördern, die solche Bemühungen bis jetzt immer freigesetzt haben.

Die Menschen wollen, daß die Welt verändert werde, seit sie davon leben können. Jeder Versuch, diese sich ständig verändernde und sich genau damit auf unabsehbare Zeit als dieselbe, eben moderne reproduzierende Welt anders zu interpretieren, muß das mitdenken: Verändert wird sowieso alles, immer.

Was man überhaupt machen kann, hat wegen der kürzer

werdenden Verkehrswege und kulturellen Aufmerksamkeitskonjunkturen, die sich aus den Umlaufsgesetzen des Marktes ergeben haben, sofort überall alle möglichen Folgen, sobald jemand es tatsächlich macht. Jede moderne Handlung verwandelt nicht bloß ein Eckchen, sondern die ganze moderne Welt, und diese Verwandlung ist daher ein Immergleiches.

Das gilt auch für *die Kulturindustrie* – der Begriff war wertend, nämlich verurteilend gemeint, als Adorno und Horkheimer ihn eingeführt haben. Ich meine ihn hier, soweit sich der Wortbestandteil »-industrie« mit demselben Wortbestandteil in »Bekleidungsindustrie« oder »Pharmazeutische Industrie« eine Bedeutung teilt, bloß beschreibend. Wo ich das Wort doch einmal wertend gebrauche – Du wirst die Stellen leicht erkennen –, wird der damit bezeichnete Sachverhalt begrüßt, bejaht: Industrie, finde ich, ist unbedingt besser als Handwerk, besser als dörfliche Kleinproduktion, besser als Jagen und Sammeln, und zwar so, wie ein Highway oder eine Autobahn besser als Feldwege ist, um Nahrungsmittel in Gegenden zu transportieren, wo keine wachsen, Medikamente bei einer Epidemie zu den Infizierten, oder andere Güter zu denen, die sie brauchen, aber nicht selber machen können.

Wer die Weltbevölkerung nicht auf das Maß stutzen will und kann, das zu Zeiten der Entstehung der ersten Städte das gegebene war, aber hinter die große Industrie zurück möchte, ist grausam oder dumm.

Natürlich läßt sich auch etwas Besseres denken als die uns bekannte Industriegesellschaft, schon weil die zwar jederzeit für viele, tendenziell für alle produziert, aber doch nicht wirklich zu dem Zweck, Bedürfnisse zu befriedigen, sondern in der Absicht, einen Profit zu erwirtschaften, weswegen überall nicht nur günstiger produziert werden muß als zu Jäger-, Sammler-, Feudalagronomen-, Zunft- oder Manufakturzeiten, sondern oft außerdem günstiger, als den produzierten Gütern und ihren sogenannten Verbrauchern bekömmlich ist.

An der »Industrie« als Form – große Anlagen für serielle Herstellung identischer Güter – liegt das aber nicht.

Du wirst im folgenden häufig Begriffe finden, an deren abwertenden Gebrauch man Dich, wie uns Besserwisser alle, gewöhnt hat. Du darfst ihn bei mir aber nicht voraussetzen. Wenn hier beispielsweise »westlich« steht, muß damit nicht reflexhaft »neokolonialistisch«, »rassistisch« oder einfach »böse« gemeint sein. Der Ausdruck könnte sich, und wird das auch, statt dessen etwa darauf beziehen, daß Professorinnen der Linguistik, wie wir sie im reichen Westen und Norden haben, meiner Ansicht nach segensreichere Figuren sind als etwa weise alte Frauen, die im Süden oder Osten bei der sogenannten weiblichen Beschneidung assistieren, und daß der Umgang mit Homosexuellen in den Vereinigten Staaten von Amerika trotz religiösen Spinnern insgesamt vernünftiger geregelt ist als in Pakistan oder Indonesien.

Die kulturellen Erscheinungen, um die es gehen soll, sind typisch nicht für die drei armen Kontinente, sondern für den Westen, und wären undenkbar ohne Kulturindustrie. Sie gehören in eine Zeit, die ohne Aufklärung, industrielle Revolution, bürgerliche Ära nicht möglich gewesen wäre. Sie setzen ihre Zeichen in eine Welt, die sich verändert, um zu überdauern; sie nutzen zu ihrer Ausbreitung einen Raum der kurzen Verkehrswege; sie sind darauf angewiesen, daß alles, was sie sind, behaupten und zeigen, sofort überall alle möglichen Folgen hat.

Trotzdem bekennen sich diejenigen, die sich zu dieser Zeit, dieser Welt, diesem Raum bekennen, die emphatisch Modernen also, nicht gern zu den kulturellen Erscheinungen, um die es gehen soll.

Die Erscheinungen sind zahlreich, aber nicht populär, wenn populär heißen soll: maximal öffentlich, nicht heimlich. Sie stammen aus Subkulturen, aber anders als die Subkulturen der Modelleisenbahnfreaks oder CB-Funker sind das sehr große, sehr weitgehend mit allen sonstigen technischen, sozialen, ästhetischen Entwicklungen Schritt haltende Subkulturen. Man redet und schreibt in den Foren des Westens/Nordens nicht gern über sie, es sei denn, um sich von ihnen zu distanzieren: Wer Pornographie oder Splatter-Filme so detailverliebt und ernst diskutiert wie die Feuilletons Produkte von hochoffiziell als diskussionswürdig ausgeflaggten Themenmenschen wie Steven Spielberg, Michel Houellebecq oder Madonna diskutieren, muß das draußen tun; wo immer das sein mag (manchmal mittendrin, zum Beispiel im Internet).

Was die Kulturindustrie herstellt, wird gern mit der »populären Kultur« schlechthin identifiziert.

Daß das nicht richtig sein kann, sieht man, wenn man bewußt den Bereich des letzten Drecks dieser Industrie betritt und untersucht – die Zone ihrer von den ernsten Gedankeblitzen der Erwachsenen absichtlich besonders schlecht ausgeleuchteten, peinlichen und fiesen Winkel, die Gegend, wo schlechter Geschmack, schäbige Produktionsbedingungen, extreme Oberflächlichkeit, rein auf Effekt reduziertes, in jeder Hinsicht rudimentäres und krudes Kunsthandwerk, Drogenmißbrauch, Prostitution und Psychopathologie einander die Hände zu einem Reigen reichen, der, weil das gefährdete

Lebens- und Arbeitsumstände sind, immer auch ein bißchen von einem Totentanz hat. Diese Kultur ist unpopulär, aber massenwirksam. Man nimmt einzeln dran teil oder in verschworenen Grüppchen. Ich möchte diesen feuchten und verdreckten Winkel, in dem soviel Erstaunliches wächst und wuchert, *Drastik* nennen.

Die lustigen, traurigen, seltsamen und abartigen Gestalten, die in dieser Gegend fürs Neue sorgen, wird nie jemand mit Marcel Duchamp, Ingmar Bergman oder Samuel Beckett verwechseln. Es geht mir hier also nicht, oder wenn einmal doch, dann nur sehr am Rande und zu Vergleichszwecken, um avantgardistische Modernisten, denen etwas am Bürgerschrecken liegt, nicht um die vielen Bewunderer und Nachahmer von William S. Burroughs und Antonin Artaud, die mit ihren Hervorbringungen bei den feinsinnigen jungen Herrschaften und höheren Töchtern der akademienahen Pop- und Trash-Betrachtung um dero werten Schock einkommen wie der päpstliche Hofmaler um den Segen des Heiligen Stuhls.

Du weißt und ahnst nicht, was Dir erspart bleibt, wenn ich davon absehe: eine weitere atemlose Beweihräucherung von derb gemeinten dünnen Filmchen wie Yoko Onos »Rape« von 1969 zum Beispiel. Das Ding führt dem skandalhechelnden Titel zum Trotz keineswegs irgendeine Vergewaltigung vor, sondern zeigt, wie der Kameramann mit Methoden, die heute am einfallslosen Ende des Reality-TV-Spektrums daheim sind, eine junge Frau belästigt, die darüber zusehends die Fassung verliert und am Ende einfach aufgibt, sich filmen läßt. Anders als ich das hier vorhabe, knüpft dann zum Beispiel eine Kulturkritikerin und Cineastin namens Joan Hawkins an so etwas geistreiche Vermutungen[1] darüber, daß Gemeinheiten dieser intimen Sorte eben nur mit Frauen zu machen sind und folglich der Film das Blickregime des Sexismus analysiert, woraus sich der Titel erklären soll. Dabei ist die ganze abgeschmackte Sache eine fade Inszenierung typischer Mittelstandsneurosen wie Überwachungsangst und Privatsphärenscham, während die meisten Menschen, Männer und Frauen, die vom Arbeiten, der Sozialhilfe oder ähnlichen Verkaufs- und Almosentransaktionen leben, keineswegs grundsätzlich etwas gegen das Gefilmtwerden haben, sondern vielmehr ganz gern ins Kino oder Fernsehen kommen, seit es diese beiden Medien gibt, und sich, falls sie einmal wirklich unbelästigt sein wollen, allemal zu wehren wissen.

Wenn Künstler, deren Schaffen mich interessiert und die ich zur Kategorie Drastik rechne, auf ein Werk »Vergewaltigung« schreiben, dann gibt es da auch etwas über eine Vergewaltigung zu lesen, zu sehen oder zu hören; ob mit den besten oder ganz bösen, ob mit rein geldabgreiferischen oder volkspädagogischen Absichten.

Buchstäblichkeit, als vehement und ostentativ eben nicht nur *anti-*, sondern vor allem *un*bürgerliche Verfahrensweise in der Kunst, gehört so unablöslich zur Drastik wie Symbolik zum Sakralen.

Ebensowenig wie der Schock als Etikettenschwindel zu pädagogischen und antipädagogischen Zwecken (*épater le bourgeois*) interessiert mich bei dem, was folgen soll, der Schock als Würze sekundaristischer, später, müder, abgewirtschafteter, nicht einmal mehr auf Avantgardismus festzulegender Arbeiten. Schön draußen bleibt deshalb auch jemand wie der elende, in einschlägigen Filmkritiker- und Debattensekten seit Jahren rauf und runter enträtselte Langweiler Mike Figgis, dessen Opera Omnia von sich totsaufenden, selbstzweifelzerquälten Kreativen, edel gestylten, romantisch verklärten Nutten, zynischen Filmemachern (die Selbstpersiflage: Siegel größtmöglicher Einfalt) und menschenfressendem Hotelpersonal wimmeln, damit die brave Londoner »Times« sie »herrlich gestört« nennen darf: »Erwarten Sie Vampire, Kannibalismus und viel durchgeknallten Sex.«

Wer sich durch Figgis' mit allen abgehalfterten Greueln der Linie Bataille-Burroughs gespickten Film »Hotel« (2001) gequält hat, ohne dazu vom Cultural-Studies-Seminarleiter genötigt worden zu sein, ist mir unheimlich.

Damit soll allerdings nichts Prinzipielles gegen Filme von Leuten gesagt sein, die, wie Figgis, mehr übers Handwerk und die Metaphysik des Films wissen als der gemeine Verbraucher oder sogar die meisten anderen Filmemacher. Figgis hat interessantere Kolleginnen und Kollegen, die mit demselben Gepäck zurechtkommen müssen und entsprechend mühsame Filme drehen. »Trouble Every Day« (2003) von der französischen Regisseurin Claire Denis zum Beispiel, immerhin von so wohlanständigen Schirmherrinstitutionen wie Arte und dem ZDF unterstützt, bietet Drastik im blütenreinsten Sinn: Die blutverschmierte Coré (Beatrice Dalle), die Männer beim Geschlechtsakt verspeist und sich dann in den Resten räkelt, von Denis angeleitet und von Agnès Godard gefilmt, gehört zu den ikonischen Gestalten meiner drastischen Bildergalerie der letzten fünfzehn Jahre, weil sie weder irgendeinen billig-nihilistischen Ennuikitsch Marke Figgis schmükken noch die gegenkulturellen Kunstzertrümmerungsfaxen der sechziger Jahre nachstellen helfen soll, sondern ... ja, wozu so etwas gut ist: das will ich Dir erklären; es braucht Platz.

Der gräßliche Moment in »Trouble Every Day«, dessentwegen das Kunstfilmpublikum bei ersten europäischen Vorführungen mitunter wie zu schönsten alten Avantgardezeiten aus dem Kino gelaufen ist, vergißt allen auf Cleverness abzielenden Ehrgeiz, stellt sich ohne relativierende Hintergedanken aus, genügt sich selbst, und deshalb genügt er auch meinem Begriff von Drastik: Kauen, Schlucken, Ekel, Genauigkeit, Lust.

Dieser Drastikbegriff will also nicht einfach auf »Kunstlosigkeit«, »Authentizität«, »Unmittelbarkeit« hinaus; aber doch auf den Ernst, der entsteht, wenn einem ein Zombie nicht von Anfang an augenzwinkernd als Platzhalter der Verdammten dieser Erde und eine männerfressende Frau dem Publikum nicht plump als feministisches Rache-Konstrukt untergejubelt werden, sondern der Zombie zunächst mal einen Zombie bedeutet und die männerfressende Frau eine männerfressende Frau meint.

Nacktheit also – aber keine naturkindhafte, sondern eine möglichst umständlich rituell entkleidete.

Gestaltungswille: An soviel Kunst muß Drastik bei aller Distanz zu akademischeren Kunstsorten festhalten, von Claire Denis bis zum Vater des modernen Zombiefilms, George A. Romero.

Anders als Duchamp, Bergman, Beckett und selbst Claire Denis aber werden Romero und seinesgleichen selten als Künstler, viel häufiger als soziologische Exempel diskutiert – als wären sie so etwas wie Bäume und Sträucher, an denen für Kulturstudien interessante Äpfel des Bösen halt irgendwie wachsen, statt für ihr Tun verantwortliche und sich dabei etwas denkende Schöpfer.

Von Werken, Einflüssen, Strömungen, Schulen spricht, wo es um Drastik geht, kaum jemand je; lieber von »Phänomenen«. Und doch prägen herausragende Drastiker ihre Stile, die aber, das ist der Witz, von der geläufigen Kunstbetrachtung nicht als Stile erkannt und von den Konsumenten und Fans auch nicht als Stile diskutiert werden, sondern als Effektbündel, als Muster von Sensationen. Zwei stilschöpferische, aber nie als solche wahrgenommene Beispiele aus der jüngeren Geschichte der Drastik zur Verdeutlichung:

1. Als der italienische Regisseur Lucio Fulci, der von Komödien mit Adriano Celentano über exzessiv blutige, hysterische und sexistische Thriller bis zu unfaßbar ekelhaften Horrorfilmen alles gedreht hat, was ihm überhaupt jemand finanzieren wollte, 1981 seinen besten Film »L'Aldilà« schuf, kam es ihm dabei weniger denn je auf eine sinnvolle Geschichte, genausowenig auf altmodische »Spannung« oder auch nur eine sogenannte »Atmosphäre« an. Fulci wollte Taten sehen und deren direkte Folgen zeigen: alles, was die ganze Welt der Betroffenen verwandelt, möglichst in etwas ganz Schreckliches.

Es ist ihm gelungen. Die sinnlos und gerade deshalb besonders überzeugend, nämlich authentisch traumartig aneinandergereihten, in jedem einzelnen Fall bis zu dem Punkt, an dem auch ekelverwöhnte Zuschauer genug haben, in die Länge gezogenen Schocksequenzen von »L'Aldilà« vergißt man nicht nur als individueller Betrachter so schnell nicht wieder. Bis heute erzeugen sie darüber hinaus filmische Echos, sogar bei Leuten, die unbestreitbar auf Kunst hinauswollen: Von den Schuhen des kleinen Mädchens Jill (Maria Pia Marsala), auf die sich eine Blut- und Säurelache zu bewegt – ein Bildeinfall, der in derselben Konstellation und Ausleuchtung genau ein Jahr später in Paul Schraders Remake von Jacques Tourneurs »Cat People« wiederkehrt –, bis zu der Auspeitschung des Zauberers Schweik (Antoine Saint John), die

Fulci in Einstellungen verewigt, welche zwei Jahrzehnte danach in exakt derselben Langsamkeit und vivisektionistischen Explizitheit als vieldiskutierte Geißelszenen von Mel Gibsons Jesus-Schinken »The Passion of the Christ« (2003) vorkommen.

Dabei tut es nichts zur Sache, ob Gibson oder Schrader ihrerseits Fulcis Werk im einzelnen wirklich kennen. Sobald der sich getraut hatte, diese Bilder zu filmen, waren sie Bestandteil des Gesamtmenüs der Drastik geworden und die filmische Welt eine andere; ganz wie Picasso einmal von seinen Bildern bemerkte, sie müßten gar nicht betrachtet werden, sondern entfalteten ihre Wirkung zur Not auch verhüllt.

Drastiker sind Brunnenvergifter: Ein bißchen Gift reicht ihnen, weil es so extrem löslich ist, für die ganze Kultur. Haben sie es erst freigesetzt, wird man die Spuren schon finden.

II. »Gewaltdarstellung macht die italienische Kunst aus«, hat Fulci pro domo gesagt. Das gilt nicht nur für seine eigene pornographische Gewalt, sondern auch für die gewalttätige Pornographie eines berühmten Kollegen:

In den späten achtziger oder frühen neunziger Jahren drehte der seinerzeit bis weit in die europäischen Mainstream-Unterhaltungsmedien gefeierte italienische Pornostar, -produzent und -regisseur Rocco Siffredi zwei Filme mit zwei verschiedenen blonden Frauen, die bei Videothekaren bald legendären Gruselstatus erreichten. Ein Freund von mir, den Du auch kennst, Chris der Wikinger, hat während seines Medizinstudiums lange in so einem Laden gearbeitet und berichtet: »Die sind eigentlich ständig ausgeliehen. Die Leute erfahren gerüchteweise davon und müssen es haben, auch wenn es sie anwidert.«

In beiden Filmen sieht man, wie der Regisseur, Produzent und Hauptdarsteller diese blonden Frauen jeweils von hinten penetriert, während sie auf allen vieren vor ihm herumwackeln und mit dem Kopf über einer Toilettenschüssel hängen. In beiden Fällen besteht der Höhepunkt der jeweiligen Szene darin, daß Siffredi die Frauen mit dem Gesicht hinunter in die Schüssel drückt und, während er zugleich nicht damit aufhört, seine Pornodarsteller-Arbeit zu tun, die Spülung zieht. Dann reißt er die Köpfe an den nassen Haaren wieder in die Höhe und ejakuliert in ihr Gesicht. Die Filme sind, heißt es heute auf Nachfrage, nicht mehr erhältlich. Aber in anderen Produktionen des Genres gibt es seither die für alle Zuschauer, die das Zitat nicht erkennen können, durchaus rätselhafte Konvention, Frauen beim Koitus von hinten mit dem Kopf in Wasch- oder Schwimmbecken zu tauchen, als würden sie getauft.

Siffredis bizarrer misogyner Einfall, will ich sagen, hat also ebenso todsicher ein neues Ornament seines Genres erzeugt, wie umgekehrt Fulcis Strauß von metzelverliebten Scheußlichkeiten sich unaufhaltsam ins gesamte, selbst das von den toxischen Arealen des Splattergenres weit entfernte Filmschaffen hat fressen müssen: Ein bißchen Gift, scheinbar flüchtig und schnell vergessen, reicht für viele, auf lange Zeit.

Auch für Nachrichtenmacher, die auf die kurzen, mittleren und lange Fristen der verewigten Gegenwart achten müssen, für Reporter, Kommentatoren und Historiker, hat es sich gelohnt, daß irgendwann jemand die Meinung zum ersten Mal äußerte, etwas müsse wohl gut, zumindest aber wichtig sein, da es doch neu sei.

Du erinnerst Dich bestimmt: So hat man uns das Jahrhundert vermittelt, aus dem wir stammen, genau wie die Kulturindustrie; so hat man uns mitgeteilt, was da geschehen ist, wie wir uns das erklären sollten, was dabei dann notwendig schiefgehen mußte, und immer so weiter.

Erst haben wir es langsam, ziemlich lange nach den Ereignissen erfahren, in Gestalt von Berichten aus entlegenen Ländern. Dann in immer schnellerer, dichterer Folge, weil die Welt immer kleiner wurde: Menschen machen mit anderen Menschen also tatsächlich Dinge, von denen wir vorher gedacht hatten, daß sie bloß in der drastischen Phantasie vorkommen und allenfalls von Wesen begangen werden, die so greulich sind, daß sie bloß in der Phantasie vorkommen *können.*

Ich will Dich daran erinnern, wie das war, als Du davon gehört und es in manchen Fällen sogar gesehen hast: Man kann Leuten die Augen ausstechen und die Zungen herausreißen; man kann Kinder vergewaltigen; man kann Mädchen die Geschlechtsorgane verstümmeln; man kann Flugzeuge voller Passagiere als Projektilwaffen einsetzen, mit denen man Berufstätige und andere Non-Kombattanten tötet; man kann Abfallprodukte laufender Verbrennungsmotoren in verschlossene Lastwagen-Tansportzellen leiten, um Menschen qualvoll sterben zu lassen, die man darin eingesperrt hat; man kann dieses Verfahren mit industriell hergestelltem Gift und vergrößerten, immobilen Todeskammern optimieren, bis die Zahl der Opfer es denen, die später und anderswo davon erfahren, fast unmöglich macht, sich unter den Ermordeten noch einzelne Wesen mit individuellen Gesichtern, Wünschen und Hoffnungen, persönlicher Todesangst vorzustellen.

Diese Dinge, von denen wir dachten, daß sie bloß in der Phantasie vorkommen, hatten wir genau so lange als *Verbrechen* verstanden, wie wir uns unter den Opfern noch einzelne Wesen mit individuellen Gesichtern, Sehnsüchten, Wünschen und Hoffnungen, persönlicher Todesangst vorstellen konnten. Sie hießen dann – eine subtile, sehr folgenreiche Veränderung – *Politik, Geschichte* oder *Krieg*, sobald das nicht mehr möglich war. Der Versuch, durch die Einführung neuer Straftatbestände wie den eines »Verbrechens gegen die Menschlichkeit« oder »gegen die Menschheit« die zweite Kategorie in die erste zurückzubiegen, war die ehrenwerte, aber verzweifelte Bemühung, durch den unangemessenen Vergleich zwischen Hitler, Stalin oder Pol Pot auf der einen und irgendwelchen Mördern, die ein Staat bestrafen kann, auf der anderen Seite ein Vermittlungsverhältnis herzustellen, das einen Prozeß der Wiederherstellung der Welt ermöglichen und für ruhigen Nachtschlaf sorgen sollte. Daß jedoch Taten, die nur noch die ganze Menschheit abwehren oder ächten kann, den Rahmen der Strafgesetzbücher sprengen, wissen in Wahrheit alle, und deshalb sind die Begriffe, die uns helfen sollen, einen passenderen Rahmen für diese Katastrophen zu finden, die politisch schärfstumkämpften des zwanzigsten und einundzwanzigsten Jahrhunderts: Selbstbestimmungsrecht, Ausnahmezustand, Völkermord, humanitäre Katastrophe ...

Die Taten, die es uns so schwermachen, ihnen vernünftige Worte nachzureden, hießen kaum je, außer bei komplett Verrückten: Kunst.

Sie hatten nämlich nach dem Willen der Täter den Bereich der Phantasie nicht befestigen oder in seiner Autonomie bestätigen, sondern ihn allenfalls für ihm äußerliche Zwecke kolonisieren wollen, als Propaganda. So waren sie Inszenierungen nur der Form nach. Den Inhalt dieser Form jedoch bildete nicht wie in der Kunst die Wahrnehmung von Möglichkeiten als sinnliche Tatsachen, sondern das Schaffen von Fakten.

Drastisch war und ist an solchen Taten, daß die Folgen lange währen und weit reichen: Ihr Maß und Ziel ist, typisch für moderne Taten, daß sie historisch neu sind und daß man sie nicht ungeschehen machen können soll, daß sie sich aber bald zu etwas Immergleichem auswachsen. Denn sie dienen der Behauptung, Bestätigung, Erlangung und Festigung der Gewalt, die manche Menschen über andere ausüben können oder wollen. Diese Gewalt dauert.

Künstler haben, weil und soweit sie Künstler – statt Besitzer, Herren, Nutznießer – sind, dagegen keine Gewalt über die, denen sie ihre Kunst zumuten.

Trotzdem verzichten sie nicht auf Drastik, wenn sie ihre eigenen Phantasien umsetzen und damit neue auslösen. Wer als Zulieferer der Kulturindustrie beim Inszenieren und Anregen von Phantasien, die, weil und soweit sie Kunst sind, nicht weiter reichen als bis ins Empfinden und Phantasieren des Publikums, das Drastische, Abscheuliche, neuartig Obszöne riskiert, sagt neben anderem, das da dann auch gesagt wird, immer: Das macht mir so schnell niemand nach, dies hier ist der reine Akt.

Ebendeshalb aber wird es dann nachgemacht. Der reine Akt verdünnt sich, wenn er Kunst ist, sofort selber, der Akteur findet lauter Nachfolgedrastiker, weil Kulturindustrie, wie jede echt industrielle Produktionsweise, das Einzelstück nicht lange dulden mag und das ideelle Eigentum eines jeden einfallsreichen Kleineigentümers ins große Ganze auflösen will. So ist die Lage, und deshalb läßt sich der politische Unmittelbarkeits- und Fernwirkungsterror von Propagandaverbrechen so leicht mit kulturindustriell erzeugter und vermittelter Drastik verwechseln. Mein Gift, Dein Gift?

Gift ist für alle da.

Soviel fürs erste dazu, was wir abstrakt klären müssen. Bald mehr und konkreter,

D.

Brief über die absichtliche Zerstörung von Zusammenhängen

Liebe Sonja,

in seinem ersten Roman »Martin and John« schildert Dale Peck, ein Schriftsteller, der von Drastik wie von allen Regeln seiner Kunst viel versteht, einen Geschlechtsverkehr zwischen zwei jungen Leuten, der im Dreck stattfindet, das heißt: im roten Sand. Die Szene spielt am Rande der Prärie, wo der Ich-Erzähler aufgewachsen ist. Ob es sich um sein erstes Mal – mit der betreffenden »Susan« oder überhaupt – handelt, erfahren wir nicht, auch wenn das Ganze auf schwer bestimmbare Art nach Initiationserlebnis schmeckt.

Drastische Tableaus haben es nicht nur in Fulcis zusammenhangzersetzenden Horrorfilmen wesenhaft an sich, daß sie mit ihrer eigenen distinkten Schärfe ihren näheren Kontext komplementär verschwimmen lassen, ihn sozusagen überstrahlen, mit emphatisierten, stark leitenden Details. Wir wissen also auch bei Peck nur etwas vom entfernteren Lebenskontext, nichts Unmittelbares – hier vor allem, daß der Erzähler als kleiner Junge Zeuge einer blutigen Fehlgeburt seiner Mutter in der elterlichen Wohnung wurde, an welcher der Vater die Schuld trägt, weil er sich trotz ärztlicher Ermahnungen bezüglich einer tückischen Muskelkrankheit und schwacher Konstitution seiner Frau nicht vom Wunsch nach einem zweiten Kind hat abbringen lassen. Der Ich-Erzähler hat den körperlichen Verfall der Mutter und den seelischen des Vaters erlebt, bis die Mutter schließlich fortgeschafft wurde, in ein Heim.

Der Junge hat eine Freundin, unternimmt mit ihr Ausflüge

und liebt sie schließlich, dies die Szene, um die es mir geht, inmitten der halbtoten Landschaft – »Geröll zerkratzte mir den Rücken: Ich hatte keine Decke mitgebracht. Ich erinnere mich, daß ich dachte, ich müßte irgendeine Art Freak sein, weil ich keine Liebe, ja überhaupt kein Gefühl für das Mädchen spürte, das auf meinen Hüften saß. Ich erinnere mich, daß ich Susan gegenüber genau dasselbe empfand wie gegenüber meiner Mutter: Ich versuchte, sie zu vergessen, noch während sie bei mir war. Und ich erinnere mich, daß ich versuchte, rauszukriegen, wie mein Vater in all das paßte, auf welche Art und Weise alles seine Schuld war, und nichts davon funktionierte, denn nichts davon hatte wirklich miteinander zu tun.«[1]

Diese Transparenz des Empfindens für ausgehaltene Widersprüche und Zusammenhanglosigkeiten samt der Weigerung, lustvollen Grusel entweder nach der Seite der Lust oder derjenigen des Grusels aufzulösen, stiftet den Bedingungszusammenhang zwischen Drastik und Genauigkeit.

Will man ihn verstehen, steht man vor einem Denkproblem: Genauigkeit ist ein Begriff, den man schwer selber genau bestimmen kann. Aus Gründen, die ich Dir im nächsten Brief auseinandersetzen will und die mit dem Verhältnis von Drastik zum Problem *Wirklichkeit* versus *Virtualität* zu tun haben, kreist sogar eine Menge zeichentheoretischer Reflexion in der Moderne um die *Unmöglichkeit* von Genauigkeit bei der Repräsentation von was auch immer.

Besonders radikale Denker im Umkreis dieser Debatten sind damit berühmt geworden, daß sie bestreiten lehrten, nicht nur, es könne genau, sondern irgendeine »Repräsentation« überhaupt geben, ebensowenig wie »Korrespondenz« zwischen Zeichen einerseits – also Worten, menschengemachten Bildern oder Geräuschen – und irgendwelchen »Sachverhalten« andererseits.

Die »Korrespondenztheorie der Wahrheit«, wonach ein wahrer Satz einer ist, der mit den Tatsachen übereinstimmt, ist mit dem Argument begraben worden, daß man Sätze und Sachverhalte gar nicht miteinander vergleichen kann: »Die Katze liegt auf der Matte« *als* Satz läßt sich nicht in seine Bestandteile zerlegen und dann Stück für Stück – welches für welches? – an der tatsächlichen Katze, die auf der Matte liegt, messen. Denn was am Wort »Katze« korrespondierte je genau dem Viech, wo sehen wir »auf«, was für ein Ding ist »liegt«, und wie korrespondiert eigentlich ein deutscher Satz einer Sache, die auf englisch ganz anders heißt?

Philosophen wie Hilary Putnam, Donald Davidson und Richard Rorty haben mit der Zurückweisung der »Korrespondenztheorie« viele Seiten gefüllt, obwohl sie uneins sind, was denn dann bitte Wahrheit ausmacht oder ob man das wissen kann. Rorty, vielleicht der konsequenteste von allen, will den Begriff der Wahrheit deshalb ganz einmotten.

Sätze kann man immer nur mit anderen Sätzen abgleichen, heißt der Befund. Erwartbarerweise hat sich dieser im Kern erstmals bei Wittgenstein vorgestellte Gedanke bald auch zu Leuten rumgesprochen, die sich mit Ästhetik befassen.

Der typische Spott des Schriftstellers Oswald Wiener über den armen Kollegen Arno Schmidt, der in seiner Armut doch tatsächlich nach *adäquaten Verfahren zur Abbildung innerer und äußerer Vorgänge* suchte, weil er die Tatsache, daß Zeichen Konventionen sind, die nicht in Korrespondenzverhältnisse mit der Immanenz der Welt gezwungen werden können, nicht begreifen wollte, haut genau in diese Kerbe – und trotzdem weiß jeder normale Mensch, philosophische Spitzfindigkeiten beiseite, was gemeint ist, wenn wir manche Autoren als

»genau« und andere als »schlampig« lesen, soll heißen: Wenn die Darstellung dessen, was zwei jungen Leuten beim Vögeln passieren kann, uns bei Dale Pack mehr überzeugt als im Liebesromanheft.

Woher kommt und wieso hält sich so hartnäckig die Empfindung, daß es unterschiedliche Schärfegrade der Darstellung in der Kunst gibt, obwohl der Anspruch solcher Schärfe repräsentationsphilosophischer Kritik nicht standhält? Sie kommt von der Art, wie wir Zivilisierte miteinander umgehen, und hält sich, solange wir damit weitermachen. Drastik oder jede andere künstlerische Verfahrensweise, Transparenz- und Explizitheitseffekte zu erzielen, ist nicht deshalb »genauer« als Kitsch, weil sie Korrespondenz anstrebt oder erreicht, sondern weil sie das zeigt und formuliert, was man nicht sagt, solange man zivil und höflich ist. Die Datendichte der drastischen Darstellung kommt einem höher vor, weil Daten dabei sind, die man normalerweise unterschlagen würde: Daß er das Mädchen, mit dem er vögelt, nicht liebt, wird er dem Mädchen selbst, aber auch anderen Menschen so schnell nicht erzählen, es sei denn, es zwingt ihn so etwas wie der künstlerische Totalitätsanspruch maximaler möglicher Weltbezugsfülle dazu, der das bürgerliche Ideal des »Romans« im achtzehnten und mehr noch im neunzehnten und frühen zwanzigsten Jahrhundert bestimmt, für Autoren wie Dickens oder Balzac sogar ausgemacht hat, die auf nichts weniger als die Zweitschöpfung der ganzen menschlichen Welt abzielten.

Daß das so ist, hat wieder mit der verewigten Gegenwart der *Moderne* zu tun, das heißt genauer: mit dem sich »als ungeheure Warenmenge darstellenden« (Marx) gesellschaftlichen Reichtum der Industriegesellschaft, mit dem Wohlstand, dem

Überfluß und den Möglichkeiten, daran teilzuhaben, zuallererst für die, die man »Bürger« nennt und die abstrakt dazu angehalten sind, sich jederzeit zugleich als Gesellschafts-, Staats- und Kulturträger zu bewähren (was diesem Imperativ konkret entspricht, ist eine ganz andere Frage).

Man muß die Spielregeln beachten, wenn man mitspielen will: Subjekt sein heißt filtern können und sich darauf verstehen, Mitteilungen aufs Tunliche zu beschränken. Nur Künstlern, Philosophen und Forschern ist gestattet, von diesen Verbindlichkeiten beim Wirtschaften mit Realien abzuweichen, nämlich in Richtung Universalien.

Das Interessante an den bürgerlichen Spielregeln beim Ausgleich unterschiedlicher Interessen ist allerdings, daß sie verhandelbar sind und sein sollen. Der Bürger in dem Sinn, den die Französische Revolution als aus Rousseaus Idee des »Gesellschaftsvertrags« abzuleitende soziale Wirklichkeit festgeschrieben hat, ist im Gegensatz zum Mitglied einer Ständegesellschaft jemand, der mit allen anderen Leuten prinzipiell »vor dem Gesetz gleich« ist. Das Spiel hat keine Regeln, die ihn vorab vor anderen bevorzugen; Startvorteile von Geblüt (lies: Geburt) sollen ausgeschlossen sein. Alles andere regelt der durch dieses »level playing field« geschaffene freie Markt. Das Erbrecht und die von der Profitlogik und vom technischen Fortschritt mit seinen immer höheren Investitionsanforderungen erzwungene Konzentration von Kapital machen den frommen Vorsatz einer Eliminierung der Startvorteile aber bald gegenstandslos.

Die Kritik, die Marx und Engels an dieser Selbstaufhebung der bürgerlichen Freiheit formuliert haben, braucht Dich nicht weiter zu interessieren, schon weil es seit dem Ende des Ostblocks keine starke gesellschaftliche Kraft mehr gibt, die dieser Kritik und den daraus abgeleiteten Verbesserungsideen Geltung verschaffen will oder kann. Interessant ist aber für die Frage nach Genauigkeit der Repräsentation, was die Naturwüchsigkeit des liberalen Prinzips »alles, nicht nur der Preis, ist Verhandlungssache« wirklich mit den Verkehrsformen macht. Sie werden nämlich verflüssigt: Ständische Anreden, höfisches Zeremoniell, uralte Sprachregelungen geraten ins Wanken, werden zerstört wie die Kontexte vom drastischen Augenblick. Ein großer Liberaler, Friedrich von Hayek, sieht darin, daß das passiert, sogar die historische Anerkennung und Verwirklichung einer Grundtatsache des Menschseins, nämlich der Sprachnatur als wichtigster denkbarer Verhandlungssache selbst: Kommunikation sei eben an sich von nichtsprachlichem Willen ungesteuert und unsteuerbar; die Planwirtschaft scheitert nach dieser Auffassung genau wie der Dirigismus des Adels oder des Herrschers letztlich an der Kontingenz der (Ver-)Handlungswirklichkeit jeder menschlichen Produktion und Reproduktion.

Ob das so stimmt oder nicht: Am Ende dieses historischen Verflüssigungsprozesses steht jedenfalls im zwanzigsten Jahrhundert ein Bild von der Sprache, wie es die amerikanische Spielart der analytischen Philosophie mit ihrem radikalen Pragmatismus bei Autoren wie Rorty oder Robert B. Brandom zeichnet und Donald Davidson es in seinem Aufsatz »Eine hübsche Unordnung von Epitaphen« mit den provokanten Worten zusammengefaßt hat, »die Sprache« gebe es eigentlich nicht, nur vorläufige Interpretationstheorien, die wir erstellen und verwerfen, während wir miteinander reden.

Sprecher werden nämlich ständig genau so verstanden, wie sie das, was sie gesagt haben, auch gemeint haben, obwohl es vorher keine »korrekte und fertige Theorie der Interpretation« auf Hörerseite gegeben hat, während auf Sprecherseite überall »falscher«, tastender, ironischer, überspitzter, metaphorischer, origineller Sprachgebrauch vorkommt, nicht nur im Seminar und der Zeitungsredaktion, sondern sogar in der Straßenbahn. Die gesprochene und geschriebene Kommunikation besteht aus lauter Äußerungen, deren richtiges Verständnis einen kein Lexikon lehren kann, nur die pragmatische Erfahrung der Kommunikation selbst.

Bedingung dafür ist allerdings, daß wir schon zivilisiert miteinander reden, und das ist nicht so selbstverständlich, wie es modernen Menschen vorkommt.

Die Belastung des Gesprächs mit zuviel Transparenz, die Mitteilung von zuviel semantischen Gemischtwaren, das grelle Aufblitzen einer Art semiotischen Tourette-Syndroms, die an drastischer Kunst auffallen, sind als etwas, das dem zivilisierten Miteinanderreden widerspricht, selbst für die pragmatischste Sprachpragmatik problematisch. Sie zielen nämlich gar nicht auf Verständigung ab.

Das ganze normale gesprächige Leben in den angenehmen spät- bis bereits nachbürgerlichen Gegenden, das heißt da, wo Du und ich leben und wo der gesellschaftliche Reichtum einstweilen groß genug ist, daß fast jede und jeder, noch der und die Elendeste, täglich etwas davon sieht und schmeckt, ist so eingerichtet, daß man, will man darin zurechtkommen, die Schönheit des Genauen und Deutlichen nicht zu sehr schätzen darf.

Man ist, habe ich oben geschrieben, wenn man in zivilisierten Gebieten zurechtkommen will, darauf angewiesen, sich ins Verhandlungs- und Vertragsspiel ergebnisorientiert einzulassen – kein ganz so unschuldiger Vorgang, wie das Wort »Verständigung« nahelegt.

Er bringt nämlich zahllose Aussparungen und Einklammerungen mit sich: Bitte nicht auf der Straße oder im Geschäft die Geschlechtsmerkmale herzeigen, bitte nicht so laut jammern oder exaltiert schreien, bitte nicht hassen und wüten. Die andern wollen vieles nicht sehen und nicht hören. Das liberale Gemeinwesen verläßt sich darauf, daß wir das implizit wissen.

Der Name der fürs Funktionieren des großen Ganzen so nötigen Hintergrundstrahlung könnte statt »Zivilisation« also auch »höfliche Grund-Unbestimmtheit« heißen. Wenn es doch einmal deutlich wird, ahnt man deshalb immer, daß es gerade wohl wirklich nicht anders geht, und das ängstigt oder betrübt einen dann. Meistens zu Recht: Der Aids-Kranke kann nichts für die lila Flecken, man nennt sie Kaposi-Syndrom; der Alkoholiker stinkt, weil er muß, denn er hat seine Sucht nicht im Griff; die Parkinsonkranke zittert nicht, *damit* wir ihre Erkrankung wahrnehmen, sondern *weil* die Krankheit so ein Zittern verursacht; die vor Kummer Verrücktgewordene weint auf der Straße, weil es ihr mit Recht egal ist, ob das jemand sieht.

Ihr hilft ja keiner.

Drastische Selbstentblößung von Menschen hat immer erfahrbare *Gründe*, folgt aber nicht unbedingt deutbaren *Absichten*. Weil das so ist, fallen naturwüchsige Drastiker wie die Kranken und Absurden im Moment ihrer drastischen Mitteilung aus dem Raum der *Begründungen* und werden in der Perspektive aller andern zum Spielball der Vorgänge im Raum der *Ereignisse*.

Sie gehören folglich ab diesem Moment nicht mehr richtig zu denen, die sich miteinander verständigen (können).

Sie gehören nicht mehr zu uns.

Wir mögen nämlich aneinander, daß wir einander Gründe und Absichten darlegen können.

Das beruhigt: Ich weiß noch, wie toll ich Dich immer fand bei der mündlichen Mitarbeit in der Schule, weil Du geredet hast *wie ein Buch* – ich benutze den idiomatischen Ausdruck nicht ganz richtig, er meint ja: plappern wie ein Wasserfall, ich will aber daran erinnern, daß Du *druckreif* gesprochen und sogar den Imperfekt fleißig benutzt hast, was bei uns im dummen kleinen Nest sonst niemand gemacht hat. Alle konstruierten ihre sämtlichen Vergangenheiten mit »haben« oder »sein«: »Ich hab gestern mit meinem Bruder gekickt« oder »Ich bin gestern in den Zoo gegangen, da hab ich Löwen gesehen«.

Anders Du: »Ich ging gestern in den Zoo, da sah ich Löwen.«

Drastik oder sonstwie Deplaziertes aus Deinem Mund, im Unterricht oder in der Pause? Undenkbar. Man wußte immer, daß Du Dir alles genau überlegt hast, daß Du eine Sprechabsicht verfolgst und deshalb gleichzeitig verbindlich *und* nicht allzu deutlich wirst. Balance. Umsicht. Geschick. Du warst mir unheimlich.

Einmal habe ich in Dein Heft gelinst, bei der Deutsch-Hausaufgabe, bei der es darum ging, irgend so ein Gedicht zu interpretieren, in dem ein Segelboot und ein Hafen vorkamen. Der letzte Satz Deines Aufsätzchens hat sich mir ins Hirn gekrallt, den trage ich, glaubst Du mir das?, seit über zwanzig Jahren mit mir herum und habe ihn doch seither nie mehr ausgesprochen oder irgendwo hingeschrieben: »Denn die Liebe erhellt die Herzen der Menschen wie die Segel die tiefblaue Bucht.«

Das ist natürlich ein unglaublich gewollter Vergleich, das Gegenteil von Drastik: Romantik, Idealismus, Metaphorik,

High-Mindedness, Belletristik. Schwer bittersüß war's, das zu lesen, wenn man wie ich in die Autorin dieses Satzes verschossen war und doch wußte, daß man nicht nur selbst nicht als Liebster für sie in Frage kam, sondern noch nicht mal gegen Konkurrenten würde kämpfen können, weil nicht nur »Du und ich«, sondern schon »Du und *irgendein* Junge« ein Unding war, etwas Unmögliches, aus Gründen, zu denen ich noch kommen werde und die vielleicht zusammen *den* Grund bilden, warum ich so lange über Drastik nachgedacht habe.

Jedenfalls war mir das damals die Oberfläche des Rätsels von Deutlichkeit und Undeutlichkeit: Deine verbindliche Vermeidung jeder Schärfe, Deine altkluge Förmlichkeit, Deine grünen, sauberen, glattgebügelten Mädchen-Cordhosen.

Nimm die Brille ab, dachte ich, bitte einmal nur, davon lebe ich dann die ganze Woche. Du hast sie nicht abgenommen, Du hast Dich lieber ordentlich gemeldet, kleiner rechter Zeigefinger stößt steil nach oben, Du hast mündlich mitgearbeitet, höflich Deine Meinung mitgeteilt.

Meine Meinung war, daß Deine Meinung meine werden würde, würdest nur Du endlich Meine werden.

Teilhaber an der großen mündlichen Mitarbeit des zivilisierten Lebens *meinen* immer etwas, wenn sie sich äußern. Wir haben beim Reden und Schreiben, wiederhole ich, eben nicht nur Gründe, sondern auch Absichten, und daß wir das jederzeit voneinander glauben dürfen, erlaubt uns, so undeutlich zu sein, wie man im Rahmen der normalen Verständigung eben ist. Das gilt sogar dann, wenn wir miteinander nicht einfach Tatbestände, sondern *Begriffe* klären.

Gerade habe ich wieder einmal das Vorwort zur Vorlesungssammlung »Geist und Welt« des amerikanischen Philosophen John McDowell gelesen, die sich von so stringenten, unbedingt auf Exaktheit und Explizitheit bedachten Anregern wie Wittgenstein und Wilfrid Sellars herschreibt. Gleich auf der ersten Seite des Vorworts dieses komplizierten Werks über Erfahrung, Begründen, Vernunft, Natur und das Selbst findet sich ein entwaffnend konfuser Satz, der trotzdem das Verständnis des da gemeinten Gedankens gar nicht stört: »Bei einer kurzen Folge von Vorlesungen schien es mir sinnvoll, einen einigermaßen linearen Gedankengang zu verfolgen, und ich habe nicht versucht, die überarbeiteten Texte weniger zweidimensional zu machen.«[2]

Das heißt also, etwas Lineares, eine Linie oder Gerade hat zwei Dimensionen? Wenn die Linie, die in Wirklichkeit, das heißt in der Geometrie, bekanntlich im Gegensatz zum dimensionslos gedachten Punkt EINE Dimension hat, die wir Länge nennen, mehr Dimensionen hätte, wäre sie demnach vor allem »weniger zweidimensional«, etwa so, wie die Zahlen »235«, »356 748« und »17 Milliarden« sozusagen »weniger zweistellig« sind als die »13« oder, wenn man obendrein McDowells Liniendimensionsfehler übernimmt, die »3« und die »8«?

Der Satz, der sich dafür entschuldigen will, wie vergleichsweise schematisch die zum Buch gebündelten Vorlesungen argumentieren, enthält also auf engstem Raum zwei Fehler. Trotzdem liest man, wenn man nicht gerade seinen pedantischen Abend hat, verständnisvoll darüber hinweg. Warum?

Weil man weiß, was gemeint ist.

Querulanten, die sich an dergleichen stoßen, beherzigen als »inverse Drastiker« die Grundregel der Verständigung nicht, daß jeder Satz seine je eigene Reichweite hat, über die hinaus ihn nur Leute strapazieren, die den kommunikativen Betriebsfrieden, die öffentliche Ordnung, die bürgerliche Welt stören wollen.

Nichts für ungut: Daß etwas so Unwahrscheinliches wie Verständigung, gar die Herstellung und Verteilung von gesellschaftlichem Reichtum überhaupt klappt, ist schön, und wenn die genannten Bedingungen der Ungenauigkeit und des liberal Nicht-Systematischen à la »Eine hübsche Unordnung von Epitaphen« die Möglichkeitsbedingungen des reichen modernen Lebens sind, dann sollen sie's gern sein.

Ich möchte nicht ins Mittelalter zurück, ich mag nicht nach Afghanistan umziehen, ich wäre ungern eine Frau im Sudan. Daß aber diese Art vage und nette moderne Schönheit die andere Art Schönheit, die drastische, die mit der hohen Transparenz und Packungsdichte, unsichtbar macht, das ist ein Problem, und nicht nur ein ästhetisches.

Es war damals *das* Problem von Paul und mir, weshalb wir, denen die ganze bürgerliche Ordnung, wie Du weißt, gestohlen bleiben konnte, instinktiv nicht nur zum politischen Radikalismus, sondern auch zur drastischen Kunst tendierten. Es ging uns um die Anerkennung einer ethischen Tatsache: Wir bestimmen, als Menschen, in den seltensten Fällen mit der Sorte Willen und Absicht, mit der Du Deine Sätze im Klassenzimmer und im Heft formuliert hast, wann es genau wie drastisch wird und wie schön das dann gegen jede Erwartung sein kann.

Wie schön denn?

Es ist ein völlig klarer Morgen. Die Vögel, findest Du, sehen nicht aus, als ob sie fliegen, sondern so, als ob sie fallen, mal runter, dann wieder rauf: kleine schwarze Buchstaben und Satzzeichen, aus dem Setzkastenhimmel nach allen Richtungen übers Blau hingestreut. Du sitzt hinten im Mercedes Deines Vaters. Die Straße ist vereist, aber fast leer: Zu dieser frühen Stunde will niemand von der Autobahn aus in die Stadt, niemand aus der Stadt auf die Autobahn. Du denkst ganz alte und weise Gedanken, obwohl Du noch so jung bist: Eines Tages, denkst Du, werde ich wo hingehen, wo es weder Regen noch Schnee gibt, bis dahin reise ich alleine, auch wenn andere bei mir sind. Der Tag, findest Du, ist ein bißchen schlechter als die Nacht, auch wenn er schön ist; am Tag gibt es keine Sterne zu sehen.

Dein Vater hat die Winterreifen noch nicht aufgezogen, er fährt nicht viel in diesem späten Oktober. Du schaust auf die Frostglasur der braungelben Stoppelfelder hinaus, auf die Bleisatz-Vögel, in den wolkenlosen kühlen Himmel hoch. Der Motor brummt leise. Dein Vater legt sich in die Kurve der langen Abfahrt. Ihr seid allein. Du liebst ihn sehr, der Morgen ist Eurer, in Kälte und Klarheit, Schweigen und Einverständnis.

Er lächelt. Er denkt nicht daran, daß sich das Auto in den letzten zwei Wochen nur deshalb trotz den glatten Straßen so gut hat steuern lassen, weil das schwere Werkzeug hinten im Kofferraum lag, das er gestern abend ausgeladen hat. Das Gewicht hat das Fahrzeug stabilisiert, jetzt fehlt es. Fast habt Ihr die Ausfahrt geschafft, da gerät der Wagen ins Rutschen, schwingt nach hinten rechts weg.

Ihr gleitet. In Dir hält alles an, jeder Gedanke, jede Betrachtung der kargen Landschaft. Ein durchdringend lautes und langes Hupröhren, wie das Nebelhorn eines großen Tankers, schiebt sich an Euch vorbei, als wäre es eine Mauer, an der ihr entlangrutscht. Dein Leben währt noch nicht sehr lange, aber tatsächlich passiert Dir, was Du in Büchern gelesen hast: Alles fährt aufeinander auf, was Du kennst, alles stürzt ineinander, Kindergarten Rehkitz Schwester Ostern Mutter Kleeblatt Brille Geburtstag Vater Rauch Wald Schule Fahrrad Zöpfe Freundin Kino Körnerbrot Schiff Eis Schuhe

Klavier Kätzchen, so viel, was Du gesehen hast – keine Segel und keine Bucht, überhaupt nichts aus Papier, keine Symbole, aber dafür völlige Durchsicht auf alles, extremste Schärfe, schöner, lichter, farbintensiver als vom Orgelklang bebende Kirchenfenster.

»Mein ganzes Leben zog an mir vorbei.«
Als Satz: ein Kitsch.
Als Erfahrung: ein Wunder.

Wenig später, ein bißchen früher, ein falscher Griff Deines Vaters am Lenkrad während dieser unglaublich dichten, wahnsinnig langen dreieinhalb Sekunden, und der Laster mit der Hupe hätte Euch getroffen und zusammengedrückt, als wäre der Mercedes ein Origamiauto.

Die Folgen waren nicht ganz leicht für Dich. Aber der Moment selbst, diese Lebensgefahr, Todesnähe: das, gib es zu, war schön.

Drastische Erlebnisse in der Wirklichkeit haben mit denen aus Kunst, halten wir fest, eins gemeinsam: Sie verbessern die Aufmerksamkeit, es geht plötzlich viel mehr hinein in den Kopf, ins Herz, in die Nerven, ins Blut, das durch den Körper rauscht. Einen Moment lang währt das, aber der streckt sich, will Ewigkeit wie alle Lust.

Dies für heute über Deutlichkeit, Datendichte und Schönheit, um die Bühne besser auszuleuchten.

Hab Geduld, Sonja.

D.

Brief übers Abstreiten der Wirklichkeit und dürftige Matrizen

Wieso, liebe Sonja,

so müßtest Du fragen, wenn Deine Gedanken in der schöngeistigen Diskursgeographie zu Hause wären statt, wie ich höre, in der naturwissenschaftlichen, reite ich überhaupt noch auf dieser Unterscheidung zwischen Kunst und Leben herum? Wieso will ich die kontextzersetzenden Momente der Drastik in der Kunst und die extrem datendichten unerwartet ernster Lebenssituationen vergleichen, voneinander absetzen, aneinander messen?

Ist das Leben nicht in die Kunst hineingestürzt, seit wir postmodern geworden sind? Riecht meine Unterscheiderei nicht verdächtig nach Basis und Überbau, nach dem Linksradikalismus der Vorzeit, wie Paul und ich und viele andere ihn damals auf Flugblättern herumgetragen haben? Inzwischen ist das doch alles gegessen – wer wollte oder könnte denn noch die Sorte Held sein, die das virtuelle Glück einer gefährlichen Idee unbefriedigend findet, solange daraus keine materielle, geschichtliche Kraft wird?

Neo bestimmt nicht.

Wer?

Thomas Anderson alias »Neo«, kleiner Angestellter eines Software-Kraken, sitzt Nacht für Nacht stur wie Stein seinen Schreibtischstuhl durch, um im Internet nach dem »gefährlichsten Mann der Welt« zu suchen, dem Computergangster »Morpheus«. In Gestalt zweier sexy Cyber-Flintenweiber mit scharfgeschnittenen Gesichtern in weißen beziehungsweise schwarzen Urban-Futurismo-Stadtguerilla-Uniformen nimmt der Gesuchte selbst Kontakt zu seinem Jünger auf, lockt ihn in ein dank Industrieabgasen und saurem Regen zum Film-noir-Guckkasten schwarzgewaschenes Mietshaus und bietet ihm an, er werde ihm »die Wahrheit« offenbaren. Wenn Neo eine rote statt einer blauen Kapsel einwirft, gibt es kein Zurück.

Neo schluckt das rote Pharmakon und erwacht, pfui Teufel, in der wirklichen Welt. Sein mieses Leben Ende des zwanzigsten Jahrhunderts war nämlich nur eine Computersimulation; in Wirklichkeit vegetiert er ungefähr zweihundert Jahre später in einem Tank mit Nähr- und Konservierlösung. Denkende Maschinen haben den Planeten in Besitz genommen, Menschen werden bloß noch als Spender von Bioelektrizität gezüchtet und ausgesaugt, nach ihrem Tod verflüssigt und ansonsten durch Einspeisung der illusorischen Welt der »Matrix« in ihre verkabelten Hirne ruhiggestellt. Morpheus und seine Truppe sind Revolutionäre, deren Basis die letzte von Menschen gehaltene unterirdische Stadt nah am Erdkern ist, genannt »Zion«. In Hovercraft-Transportern bewegt man sich zwischen den Wänden des Gefängnisses, das die Künstliche-Intelligenzen-Koalition den Kindern Adams errichtet hat, hackt sich in die Matrix, spielt Räuber-und-Roboter mit den intelligenten Agentenprogrammen, die der Rebellion mit bewährten CIA-Counterinsurgency-Methoden beikommen sollen, und hofft auf den *Auserwählten* beziehungsweise dessen Wiederkehr in verwandelter Gestalt.

Einst nämlich gab es einen Menschen, dessen Kopf so klar war, daß er der Matrix als Metaprogrammierer gegenübertreten konnte. Seine Wiederkehr ist den Unterjochten von ihrem Orakel verheißen. Morpheus glaubt nun, Neo sei dieser Türöffner zur Freiheit. Obwohl ein Judas in Morpheus'

Truppe namens »Cypher« seinen Kapitän an die Silizium-Gestapo verschachert, wird am Ende alles gut, weil Neo erkennt, daß er tatsächlich das Zeug dazu hat, sich an die Spitze des Aufruhrs zu setzen. Nachdem ihm ein Feind die Brust durchschossen hat, küßt ihn die Lack-und-Leder-Schönheit Trinity auf seinem Datenliegestuhl wieder lebendig. Der widerlichste Agent des Bösen wird plattgemacht. Die Revolution kann beginnen: Ein Brocken Rockmusik schleift seinen Beat qualvoll hinter sich her über die frisch geteerte Datenautobahn, Abspann, Kult, zweifache Fortsetzung folgt.

Dies war »The Matrix«, ein Film aus dem Jahre 1999.

So gut wie alles Nichtvisuelle wirkte, wie soll ich sagen: verkehrt an diesem sehr gutaussehenden Film. Schon die historischen und theologischen Referenzen, schockweise mythische Staubfänger der Schnarchklasse – »Nebukadnezar«, »Zion«, »Trinity«, »Morpheus« –, stammten vom Grabbeltisch. Vor allem aber umflimmerte das Ding die lästig postmoderne Instant-Aura diverser nicht mehr ganz zeitgenössischer Schlauberger-Zutaten aus den achtziger Jahren: Das ausgehöhlte Buch, in dem Neo seine Hacker-Konterbande versteckt, ist selbstredend Baudrillards »Simulacra and Simulation«, wenn auch dicker als das Original; der Satz, mit dem Morpheus Neo die Welt erklärt, »Welcome to the desert of the real«, ist ein direktes Baudrillard-Zitat; und im ersten Drehbuchentwurf sagt der Fremdenführer durch die wahre Welt dem Jungen sogar noch: »Du hast in Baudrillards Vision gelebt, auf der Landkarte statt auf dem Territorium.«

Keanu Reeves (»Neo«), seit seinen »Bill & Ted«-Klamaukfilmen als Charakterdarsteller jederzeit imstande, ein Fläschchen Bildschirmreiniger an die Wand zu spielen, mußte sich im Vorfeld der Dreharbeiten, wie man hört, jesuitischen Kopferxerzitien unterwerfen und zwei ganze Bücher durchlesen, nämlich den besagten Baudrillard und das Evangelium der Gentech-und-Internet-New-Economy-Generation, »Der zweite Akt der Schöpfung« (1994) vom Mitbegründer der Zeitschrift »Wired«, Kevin Kelly.

Beide Texte waren 1999 bereits geistesgeschichtliche Rest- und Mängelexemplare: Nichts ist so alt wie das, was vor zehn bis fünf Jahren Brennstoff für den Betrieb feuilletonistischer Debatten lieferte. So blechdünn die mythoprätentiösen Resonanzen, so fußlahm und uninspiriert die hippen Theorie-Bezugnahmen waren, so weit blieben die Väter und ausführenden Gestalter des Projekts, die Gebrüder Wachowski, zugleich hinter den Leistungen jenes Genres zurück, dem ihre Einfälle sich anschmiegen wollten: der Science-fiction.

Denn wie die getrockneten und gepreßten Baudrillard-Blüten war auch die literarische Konvention »Cyberpunk« zu dem Zeitpunkt, da der Film erschien, an ihrem Ursprungsort längst vom Zweig gefallen, im Boden zu Humus fermentiert, abgetan. Ihr Chef d'œuvre, die »Neuromancer«-Trilogie von William Gibson (»Neuromancer«, »Count Zero«, »Mona Lisa Overdrive«), war 1984, 1986 und 1988 erschienen. Autoren wie Bruce Sterling, Jack Womack, John Shirley und Pat Cadigan hatten alles, was aus der Metapher »virtuelle Realität« überhaupt herauszuholen war, längst herausgeholt. Radikalisierungen in verschiedene Richtungen blieben möglich, wurden aber kaum so bekannt wie die Urtexte. So hat der Australier Greg Egan in Romanen wie »Permutation City« (1995), »Diaspora« (1999) und »Schild's Ladder« (2002) die Vorstellung, daß Bewußtsein sich algorithmisch codieren und simulieren läßt, bis zu dem Punkt weitergetrieben, an dem sich erweist, wie wenig so ein simuliertes Bewußtsein noch mit unserem zu tun hätte. Dieser wissenschaftlich-spekulativpolitischen Zuspitzung stehen andere, vor allem ästhetische Radikalisierungen des Cyberpunk-Modus zur Seite, deren bekanntester Exponent Neal Stephenson wurde, in dessen Schatten wiederum Dutzende von Namenlosen versucht haben, diese Erzähloption literarisch ähnlich ernst zu nehmen und zu veredeln, wie das Raymond Chandler mit dem Krimi gelungen ist. In Gestalt von Richard Calders unfaßbarem Cyber-Liebes-Terror-Roman »Cythera« von 1998, in dem so gut wie jede Perversion vorkommt, die einem, gesetzt den Fall der polymorphen Virtualität aller Handlungen, überhaupt einfallen kann, war zu dem Zeitpunkt, als die filmische »Matrix« gerade hochgefahren wurde, Fluchtgeschwindigkeit erreicht.

Der Wortbestandteil »Punk« im Kompositum »Cyberpunk« mochte auf eine Haltung verwiesen haben, die einer jugendlichen Gegenkultur abgeguckt war – daß diese Haltung einen eigenen literarischen Stil hervorbringen kann, der von den zahmen Erzähltönen der für den Cyberpunk-Modus tonangebenden Anthologie »Mirrorshades« (herausgegeben von Bruce Sterling 1988) so weit entfernt ist wie heutiger Krach von den »Sex Pistols«, den »Clash« oder den »Buzzcocks«, war mit Calders Buch bewiesen. Noch durchgeknalltere, nicht immer jedoch auch begabtere Hysteriker wie John Courtenay Grimwood (»Remix«, 1999) und Eric Brown (»New York Nights«, 2001) konnten folgen. Einer der stilsichersten, ambitioniertesten Versuche, genau das zu tun, was die »Noir«-Versatzstücke in »The Matrix« leisten sollen, nämlich den postmodernen Zitat-Aktenkoffer der Pandora aufzureißen, bis die Scharniere brechen, erschien ebenfalls genau in dem Jahr, als der Film in die Kinos kam: Jack O'Connells programmatisch betitelter Roman »Word Made Flesh«, der seine Wirklichkeitsebenen erheblich tiefer und schmerzhafter ineinander schneidet als die Wachowski-Brüder die ihren. Neben O'Connells »Magicians« – wie im Buch die unheimlichen Auftragsmörder (und Expolizisten) der unwirklichen Stadt Quinsigamond heißen – wirken der steife Anzugträger Agent Smith und seine Killerdrohnen aus der »Matrix« so angsteinflößend wie Stephan Derrick beim Maigret-Lesen im Ohrensessel.

Daß sie sich durch die zahllosen Texte, die der Cyberpunk-Gourmand kennen kann, nicht brav hindurchgefressen haben, ist den Wachowski-Brüdern nicht zum Vorwurf zu machen. Ihre virtualisierte Para-Drastik, deren Witz gerade nicht, wie bei der vorvirtuellen, die Zersetzung von Kontexten, sondern deren komplette, ontische Verneinung ist – im Sinne von: »Es gibt die Welt nicht, in der das hier passiert« –, braucht weder Halt noch Brücke, braucht einfach keine Verbindung zu dem, was in dem Genre los ist, aus dem die Ideen stammen.

Schließlich reicht als Anregung zum Grundeinfall ihres Films – wir sind alle in einer Scheinwelt verknastet, die eine Künstliche Intelligenz steuert – ja auch oberflächlichstes Durchblättern der Heftchen-Science-fiction aus den fünfziger und sechziger Jahren, etwa diverser früher Arbeiten von Philip K. Dick oder seines sehr zu Unrecht vergessenen Wegbereiters Charles Harness.

Außerdem sind die Abgreifereien der »Matrix«-Autoren beim Kino, also dem Medium, das sie selbst unmittelbar bedienen, auch nicht tiefschürfender – der Kritiker Andrew Gordon hat sich mal die Mühe einer Auflistung solcher Anleihen ohne Anspruch auf Vollständigkeit gemacht: Von der bösen Denkmaschine in Kubricks »2001 – Odyssee im Weltraum« (1968) über den Endoparasiten aus Ridley Scotts »Alien«

(1977) und den Kampf eines einzelnen Begnadeten in einer Simulationsumwelt gegen einen quasi-allmächtigen algorithmischen Unterdrücker aus »Tron« (1982) bis zu den Mensch-Maschine-Kriegsanleihen bei James Camerons »Terminator« (1984) und »Terminator II« (1991) reicht die Palette des »Matrix«-Mundraubs.

Zwei wache Vierzehnjährige hätten keine schlechtere Liste zusammengestellt. Wären die beiden außerdem Science-fiction-Junkies, hätten sie sich auch als Plot- und Kohärenzdoktoren nützlich machen können, denen vielleicht kurz vor Endschnitt noch einige der unglaublichen Motivations- und Logiklöcher sowie wissenschaftlich-technischen Begründungsfehler des Films aufgefallen wären – schließlich sind die oft so unübersehbar wie der Kölner Dom.

Seit wann, hätten sie fragen können, ist eigentlich der menschliche Körper als einziges Ding im Universum vom Energie-Erhaltungssatz ausgenommen – seit wann produziert er mehr Energie, als man reinstecken muß? Bislang lief das nämlich eher so, daß letztlich alle Lebewesen auf unserem Planeten, einer langen Transferkette folgend, von der Energie leben, die das Zentralgestirn, die Sonne, uns allen spendet: Sie nährt die Pflanzen, diese die Pflanzenfresser, jene die Fleischfresser, und das ganze Geraffel wird dann von den darum treffend benannten Allesfressern verspeist, von uns zum Beispiel. In der Welt der »Matrix« aber ist die Sonne verfinstert – ein Kollateralschaden des Krieges der Menschen gegen die Maschinen –, wie können also die Menschen Bioelektrizität erzeugen, von der die Maschinen zehren? Jemand, der so alt ist wie Neo, wird seine noch nie benutzten Muskeln auch nach kribbelnder Elektrostimulation nicht allzubald dazu kriegen, ihn durch die Gegend zu bewegen; ein Virus ist kein »Organismus«, auch wenn das KI-Programm, das Morpheus foltert, solches glaubt; die Telefonleitungen in der »Matrix« haben offenbar einen anderen ontischen Status als die Handysignale dortselbst, obwohl beide nur virtuell sind; das Orakel ist Programmbestandteil der »Matrix« statt Teil des Rebellen-Computernetzwerks, arbeitet aber trotzdem unentdeckt für diese – und so weiter und so fort. Alles in allem: ein Ausbund an Blödsinn – das Mythische ein wirr gemusterter Flickenteppich, die »Weltanschauung« ein Verschnitt großmäuliger Kanzelworte abgehalfterter Modephilosophen, die Science-fiction-Bibelfestigkeit mangelhaft, der Coolness-Faktor der Filmanspielungen ungenügend.

Das Erstaunliche daran: Es hat dennoch geklappt. Wir haben den Kram geschluckt wie die Israeliten in der Wüste ihr Manna am ersten Tag. Die Kinos waren brechend voll, die DVDs sind Dauerseller.

Noch verblüffender: In einer beispiellosen Rückkopplungsorgie haben zwar die Wachowski-Brüder die postmoderne Bilder-, Gedanken- und Textwelt nicht begriffen, der ihr hochunterhaltsamer, beknackter Actionfilm ein bis zum zwanghaften Wahnsinn durchstilisiertes Denkmal setzen soll; dafür aber werfen sich umgekehrt die intellektuellen Sachwalter dieser Postmoderne selber gierig auf den Film und sein reiches, mit Halbfertigem dicht zugemülltes Universum wie auf ihre letzte Rettung. Die Zahl der Essays und Seminararbeiten, der Erwähnungen des Films in gelehrten und feuilletonistischen Abhandlungen übers Transhumane, Parakomplette und Postvernünftige ist nicht mehr akkurat abzuschätzen.

In zwei dicken Büchern (»Taking the Red Pill – Science, Philosophy and Religion in The Matrix«, Benbella Books 2002, »The Matrix and Philosophy – Welcome to the Desert of the Real«, Open Court 2002) erzählen uns Science-fiction-Mantiker wie James Gunn und Robert J. Sawyer, Techno-Astrologen wie Bill Joy und Ray Kurzweil, Krypto-Theologen wie James L. Ford und Paul Fontana, Gesellschaftskritiker wie Martin A. Danahey und David Rieder und echte menschliche Batterien wie der einfach nicht zu erschöpfende Slavoij Žižek wilde Begebenheiten aus ihren gefahrvollen Gehirnen und gewagte Assoziationen zu Sokrates, Morpheus, Orpheus, Boethius, Neomaterialismus, dem Tod des Subjekts, dekonstruktivistischem Buddhismus, Messianismus, Nihilismus, »Neofiktion« – der dollste Neologismus seit langem, gemeint ist die gute alte Science-fiction – und, warum nicht: Hannah Arendt (zwei Indexnennungen).

Das alles funktioniert selbstverständlich nicht, nie und nirgends als so etwas Altmodisches wie eine Deutung, Kritik oder Analyse des Films und seiner Reize, sehr gut aber als textgestische Mimesis: Man schreibt genau so, wie der Film, über den man schreibt, seine Bilder inszeniert. Das Gefasel leuchtet, mit anderen Worten, je nachdem, wie gut man geschlafen und gegessen hat, wie sehr man nach Erläuterndem und Nachvollziehbarem verlangt, entweder sofort ein oder überhaupt nicht.

Was in allen Wortbeiträgen zwingend tabu bleibt, ist das Offensichtliche: Der Film ist gut gegen jede Wahrscheinlichkeit, unterhaltsam nicht wegen, sondern trotz seiner hochgestochenen postmodernen Schaustücke aus Theorie und Science-fiction, die er andauernd verletzt, mißachtet, mißhandelt. Die Welt der »Matrix«-Trilogie geht in ihren postmodernen Voraussetzungen einfach nicht auf: Selbst hier, siehst Du, und darauf will ich schon die ganze Zeit hinaus, brauchen wir, um zu verstehen, was los ist, eine Unterscheidung, die zwar wirklich wieder aussieht wie »Basis und Überbau«, aber von der Niederlage derer, die mit diesem alten Modell gescheitert sind, hoffentlich das eine oder andere gelernt hat.

Es bleibt ein Rest, der sich nicht reimt: Während die raunende Simulakren-Philosophie Baudrillards den sie inspirierenden realen oder science-fictionhaften Virtualitätskrempel aus der heute ziemlich vergangenen Schubphase der Computerära andauernd problematisiert, diskutiert und beim späten, ganz pessimistisch gewordenen Baudrillard sogar beklagt hat, zeigen die 360-Grad-Freeze-Sequenzen, die Hochhaussprünge, Kung-Fu-Absurditäten und Explosionen des Films ganz im Gegenteil nichts irgendwie Deprimierendes oder Abgründiges, sondern aller mit dem Finstern kokettierenden Lackschwärze zum Trotz immerfort, wie schön, wie erbaulich und fordernd es für die Protagonisten ist, sich dauernd mit der Frage auseinandersetzen zu müssen, ob das, was sie grade machen, in der richtigen oder in der symbolischen, simulierten, codierten Welt stattfindet.

Der Film erörtert nichts, sondern er feiert, daß die Ebenen, die man »Basis« und »Überbau« genannt hat, sich längst ineinander verbissen und einander sogar ein wenig angefressen haben. Dieses Moment – daß ein Film mit der grellen Evidenzpolitik seiner Sicht- und Hörbarkeiten seine betuliche Moral aufweicht – ist ohnehin zentrales Merkmal von filmischen Großproduktionen, seit es in ihnen computeranimierte Szenen gibt: Auch Steven Spielbergs drei »Jurassic Park«-Filme behaupten auf der deontischen Ebene, also da, wo die Moral zu suchen ist, es sei böse, Gott ins Handwerk zu pfuschen und Saurier zu klonen, zeigen dann aber auf der ästhetischen die ganze Zeit, wie toll es aussieht, wenn die Viecher alles verschlingen und kaputttrampeln. Und genau so zertrümmern auch die neueren »Star Wars«-Episoden von George Lucas ihre explizite »Das Gefühl allein zählt«-Hippie-Ideologie rückstandslos, indem die jeweiligen Roboter- und Klonkrieger-Armeen des Bösen, gegen die das Ideologische hetzt, alles an autoritärer imperialer Ästhetik in den Schatten stellen, was seit Rom aufgefahren wurde, und damit schnell zum eigentlichen Grund werden, warum man sich das anschaut, warum es gefällt.

Während aber die filmischen Selbstsprengungen des monotheistischen Zweitschöpfungsverbots bei Spielberg oder der New-Age-Philosopheme bei Lucas jeweils ein im Grunde zufälliges Verhältnis zu den Lehren haben, die sie kaputtmachen – Monotheismus und Hippietum sind schlicht typisch versöhnliche Hollywood-Ideologien, etwas anderes aus dem süßlichen Fundus hätte es auch getan –, ist die im »Matrix«-Dreiteiler erfolgende Auflösung der baudrillardistischen Wortschäumereien darüber, daß man in der nachmodernen Welt nicht mehr wissen könne, was real sei, ein typisches Beispiel dafür, wie mit postmodernem Theoriekäse durch konsequentes Falschbegreifen nützliche kulturelle Arbeit verrichtet werden kann.

Nicht nur Baudrillard nämlich wurde seit den späten Achtzigern ganz entgegen seinen eigenen Textstrategien, die ja eigentlich bloß immer eine Hyperkatastrophe nach der andern an die Wand malten, keineswegs (oder doch kaum) von verzweifelten solipsistischen Mönchen gelesen, sondern von selbsternannten Symbolterroristen und echten Hackern. Auch die anderen, primär immer französischen Helden jener seltsamen, auf unklare Weise von der Moderne abgeleiteten, angeblich posthistorischen »neuen Epoche«, die von zirka

1980 bis ungefähr übermorgen reichen wollte, sind, vor allem im Mutterland gedankenlos massenkultureller Aneignung europäischen Schrotts, in Amerika, auf ähnliche Weise und gar nicht immer so ungern ins Leben, in den politischen Actionfilm geschleift worden. Wenn Jacques Derrida sagte: »Es gibt nichts außerhalb des Textes« – erster Streich gegen die Erfahrungswirklichkeit und für das Sekundäre –, war es also nicht so, daß sich triste Figuren inspiriert gefühlt hätten, ab sofort fastend und meditierend in der Bibliothek zu zelten, sondern merkwürdige Feministinnen fingen an, klassische philosophische und literarische Texte auf neue, kreative, manchmal fruchtbare, manchmal auch hirnrissige Weise neu zu lesen. Wenn Gilles Deleuze und Félix Guattari sagten, nicht die individuelle Biographie, sondern erst der Diskurs der Psychoanalyse erschaffe das moderne ödipale Unbewußte – zweiter Streich gegen die Erfahrungswirklichkeit und für das Sekundäre –, dann brach nicht auf einmal das große weise Schweigen unter seelisch lädierten Kleinbürgerkindern aus, sondern diese »rhizomatische« Theorie wurde zum Inspirationsquell für allerlei Internet- und Elektronische-Musik-Praktiker, zum Mutterboden zahlloser verstrahlter Blüten. Und wenn schließlich Michel Foucault erzählte, es sei überhaupt wohl eher die Ordnung der Diskurse, nämlich deren Machtmuster, was »die Ordnung der Dinge« hervorbringe – dritter Streich –, dann predigten seine Leser fortan nicht Weltverzicht und Quietismus, sondern, beispielsweise, postkoloniale Studien oder politische Korrektheit.

Gemessen an ihrem Beschreibungswert, bezogen auf ihre jeweiligen ursprünglichen Gegenstände aus den sogenannten Geisteswissenschaften, sind alle diese Theorien Auswüchse der gepflegten Vorurteile einer Zeit, die noch auf der Kippe stand zwischen einem alten – westliche Moderne mit Ostblock-Zerrspiegelbild – und einem neuen – globale, als Kulturkämpfe ausgetragene Neuordnungsdynamiken – Zustand, also Ideologien, sachlich Quatsch, notwendig falsches Bewußtsein. Aber die Zeiten für Intellektuelle waren wirklich so, wie in diesem Quatsch unterstellt: Die »Realität« war weg – das heißt, weil Realität einfach das ist, was mich beeinflußt, auch wenn ich nicht will, sowie das, was ich beeinflussen muß, auch wenn es nicht will: Es gab, ich wiederhole Dir das so zwanghaft, weil das sonst nie irgendwo vorkommt, wo es eigentlich hingehört, einfach keine gesellschaftliche Kraft, die man wollen konnte oder nicht, keine zum Stellen der Machtfrage genötigte Bewegung, an die sich die Debatten der Intellektuellen anschließen konnten wie vor dem Schwebezustand an »die Revolution«. So verlagerte sich das oppositionelle Tun der Intelligenz fast ganz – völlig ist unmöglich, weil auch Debattieren Effekte außerhalb der Debatte hat – auf die Ebene der »Episteme«, des »Textes«.

Die »Matrix«-Trilogie zeigt uns spät, aber doch noch, wie jene »Heterotopie« aussähe, die das postmoderne Atlantis war: der völlig sekundär gewordene Raum, für den man Kultur und Politik halten konnte, bevor es wieder lebhaft wurde im Diesseits. Ihr habt nur 72 Stunden, Zion zu retten, viel Glück, Neo und Freunde. Was die Murmeltiere der Theorie verhießen und was niemand einlösen kann, hier ist's vollbracht, hinter den sieben ausgehöhlten Baudrillard-Bänden, bei den sieben Diskursen: Fundamentalopposition mit Stöpsel im Schädel.

Da, wo die stattfindet, will ich nicht hin. Mir scheint, die älteren Optionen bleiben lebendig, solange es Brennpunkte gibt, in denen sie sich theoretisch und praktisch bündeln: Solche der Drastik in der Kunst, solche der unerwarteten Wendung im Leben.

Die sind schön, die sind schlimm, und sie haben Folgen.

Du wirst sehen.

D.

Brief über Kunstfreiheit und Tränengas

Liebe Sonja,

als ich das, was ich weiter unten zitieren werde, das erste Mal gelesen hatte, wurde mir ganz anders. Es war kalt, es war Nacht; ich hätte vor die Tür gehen müssen, wollte aber nicht. Das Haus, in dem ich damals den Winter verbrachte, steht am Stadtrand mitten in der grauen Landschaft, nah beim Fluß, zwischen dürren dunklen Bäumen. Viel Wind ist dem Haus in die Mauern gefahren über die Jahre; wenn es kalt wird, muß man kräftig heizen. Die Heizung frißt Öl, das holt man per Pumpe aus einem Faß in der Scheune. Dazu muß man das Haus verlassen – und das wollte ich nicht, als ich mitten in der Nacht gelesen hatte, was ich zitieren werde, weil es mir nämlich angst gemacht hat. Es handelt nicht von übernatürlichen Monstern, sondern von dem, was Menschen einander tatsächlich antun können. Wenn Menschen so sind, dachte ich, dann sollte man die Tür abschließen und nicht rausgehen. Denn vielleicht lauert da so einer, am Brunnen, hinterm Nadelbaum, jenseits des Kieswegs.

Ich kann Dir also nachfühlen, falsch: vorfühlen, was Du denken und fühlen wirst, sobald Du liest, was ich zitieren werde. Wir müssen uns aber, damit wir dem Herzen der drastischen Sache näherkommen, kurz damit aufhalten, zu untersuchen, was von dem, was hier Thema ist, Du überhaupt kennst und was nicht: Wie gut orientiert bist Du im Land, wo die Drastik blüht?

Laß mich ein paar Vermutungen darüber aussprechen.

Selbstverständlich hast Du von Quentin Tarantinos Filmen gehört, für die es inzwischen eine eigene, postmoderne Nische gibt, die er ihnen selbst erobert hat: Das Blut, das in »Kill Bill« (2003/2004) spritzt, wird von der Kritik behandelt, als wäre es vor allem Zitat; man zwinkert einander bei der Kritikerinnungstagung zu, ach ja, Hong-Kong-Kino, Horror- und Kriminalfilme der siebziger Jahre, Western – wir verstehen uns –, und das Auge, das hier zertreten wird, ist natürlich ein Fulci-Auge (niemand hat auf der Leinwand so viele Augen platzen, zerstechen oder zerdrücken lassen wie Lucio Fulci, aus dem Gedächtnis zähle ich allein in »L'Aldilà«, dem Film, von dem mein erster Brief erzählt, drei solcher Szenen).

Auch daß es Thomas Harris gibt, wirst Du wissen, der in »Hannibal« den Titelhelden und die FBI-Agentin Starling gemeinsam das Hirn eines korrupten Polizisten aufessen läßt und damit die schöne und gefährliche Liebesgeschichte, die er im »Schweigen der Lämmer« zu erzählen begonnen hat, der stimmigen Erfüllung zuführt (der Film, der nach dem Buch gedreht wurde, wendet sich an sein erheblich größeres Publikum schon verschämter, leistet sich eine ziemlich flaue Zurücknahme: Harris' Bruch mit der Konvention, die befiehlt, daß auf dem Höhe- und Wendepunkt eines Thrillers die Bösen zwar zum Guten, nicht aber die Guten zum Bösen bekehrt werden können, kommt im Film nicht mehr vor; da wird Starling vielmehr unter Drogen *gezwungen*, das kannibalische Hochzeitsmahl über sich ergehen zu lassen, statt wie im Buch dazu *verführt* zu werden).

Drastik in den Spielarten Tarantinos oder Harris' ist »sicher« (im Sinne von: Safer Sex), weil sie durch Verweise auf ihre

Quellen im jeweils beliehenen Genre (Kung-Fu-Film, Thriller, Psychopathenfabel) oder spezifische distanzstiftende Manierismen der jeweiligen Autoren als *uneigentlich*, als *Übertreibung*, als eine Trope, *die man nicht wörtlich nehmen soll*, verstanden werden kann. Das Publikum lacht, na: schmunzelt wenigstens sardonisch, weiß jedenfalls Bescheid. Für Anspruchslosere reicht als Sicherheitsnetz oder Fallverhütungsgeländer schon *irgendein* Genre-Rahmen – solange vorher und nachher ein Detektiv ermittelt oder ein Pathologe bei der Hand ist, darf eine Autorin wie Mo Hayder schon mal in einem Bestseller über Seiten Freuden und Leiden eines Nekrophilen schildern, samt Präparationsprozedur, ohne eine einzige Zensurdogge hinterm Ofen hervorzulocken:

»Sie lag im Schlafzimmer, mit dem Gesicht nach unten, wie Harteveld sie abgeworfen hatte, ihre Hände waren unter dem Bauch gefaltet, ihr Gesicht unter der Folie war verschmiert und platt gedrückt. Die Folie gefiel ihm, ihm gefiel die Art, wie sie davon zusammengehalten wurde. Selbst wenn sie am Leben gewesen wäre, hätte sie sich nicht wehren können. (...) Sie hatte eine Tätowierung auf dem Unterarm. Auf der Vorderseite war die Totenblässe nur leicht ausgeprägt, aber der Hauptteil des Blutes war in die Rückseite der Schenkel, ins Gesäß und die Schultern gesunken. Harteveld mußte sie einige Zeit auf dem Rücken liegengelassen haben.

›So ist's recht. Du legst einfach ein wenig die Beine hoch.‹ Er bohrte den Finger in die zerstochenen Schenkel und lächelte. ›Du großtittige Sau.‹

Ein ungeheuer belebendes Gefühl stieg aus seiner Magengrube auf. Die Sache erinnerte ihn an die Universität, an die erste freudvolle Erfahrung, daß Tote sich nicht wehren können, wenn sie gestoßen, gedrückt, beleidigt, bespuckt und gebumst wurden. Er konnte sich auf ihr Gesicht, in ihren Mund, auf ihr Haar ergießen. Sie würde sich gegen nichts wehren. Eine große Puppe mit saftigem Mund, die ganz allein ihm zur Verfügung stand.«[1]

Das ist, obwohl vollkommen realistische, fast schematische Schilderung, auf vom Genrehintergrund weich gemachte, von Konventionen abgefederte Art ein sehr harmloser Abschnitt: bloß unterhaltende, wenn auch schauerliche *Literatur*, ungefähr so bedrohlich wie offen Unwirkliches, das erst gar keine anatomische und pathologische Korrektheit beansprucht. Michael Maranos »Dawn Song« (1998), der beste Schauerroman der letzten fünfundzwanzig Jahre, enthält viele ähnliche Passagen: Seine finstere Heldin, ein scharlachroter weiblicher Höllenengel, zur Welt hinaufgestiegen im verschneiten Boston des Golfkriegswinters 1990/91, zieht sich zum Beispiel gleich nach ihrem ersten rituellen Mord im Auftrag ihres dämonischen Vaters in ihr Versteck zurück, um sozusagen das spirituelle Gegenstück zu Hayders Leichenschändung zu erleben – der Nekrophile im »Vogelmann« vergeht sich an einem toten Körper, Maranos Succubus an einer geraubten Seele: »Als sie nach Hause ging, dankte sie Boston dafür, ihr die Erfüllung ihres Wunsches gewährt zu haben. Sie empfand alles hier so lieblich und einladend wie einen Garten zur Erntezeit. (...) Der Schnee, der vom dunklen Himmel fiel, erinnerte sie an den steten Regen verglühender Seelen über den Tälern ihrer Heimat. Aber anders als die Seelen schrie der Schnee nicht.

Sie kletterte am alten Backsteinhaus empor, nicht wie das Spinnen oder Fliegen tun, sondern so anmutig, wie ein Öltropfen im Wasser emporsteigt. Sie legte sich nieder und kühlte ihren Körper ab, damit der Schnee sie ganz bedeckte, dann verdaute sie die Seele des Getöteten (...) Seine Arglosigkeit und jugendliche Poesie taten ihr gut, wie das weiche Feuer von Brandy. Andrew und seine Seele waren vernichtet, jenseits jeder Hoffnung auf Auferstehung, Erlösung oder Rettung.«[2]

Beide Szenen, die bei Hayder und die bei Marano, sind Beispiele für *leicht verdauliche* Drastik – zwar hochauflösend detailreich, wie meine Drastikbestimmung das verlangt, aber eben nicht restlos auf Effekt, nackte Ostentation hin zugespitzt. Sie emanzipieren sich nicht von ihrem erzählerischen Zusammenhang, stören den Fortgang der Handlung nicht. Hayders Detektivgeschichte, Maranos Mysterienspiel bleiben unverletzt.

Vier Varianten sozusagen stubenreiner Drastik habe ich Dir benannt, damit Du sie nie mehr mit dem verwechselst, was ich Dir vorstellen will: 1. Pop-Zitatismus (Tarantino), 2. ironische Genreverfremdung (Harris), 3. konventionell gedecktes Thriller-Ornament (Hayder), 4. dunkle Phantastik (Marano).

Sie haben alle ihren legitimen Platz in der riskanten Welt moderner Schönheit; sie sind die milderen Länder am Fluß der giftigen drastischen Hauptader. In diesen Deltaregionen müssen Künstler, die noch etwas anderes sein wollen als nur Drastiker, oft ihr ganzes Geschick aufbieten, um drastische Einzeleinfälle wieder in den Werkzusammenhang zurückzuzwingen, was, wo es gelingt, diese Leute zu Klassikern ihrer Genres macht: Stephen King, Dario Argento, William Gaines.

Manchmal allerdings muß mit (scheinbarem) Gehorsam gegenüber Genres auch der anfangen, der ausschließlich drastisch zur Sache kommen will: Bei Fulci zum Beispiel, den ich schon mehrfach angeführt habe und über den Du noch mehr lesen wirst, wenn Du dabeibleibst, kann man sehen, wie schnell vor allem die Thriller- und die Phantastik-Konventionen der weichen Drastik so über sich hinausgetrieben werden können, daß vom Spiel mit ihnen dem Publikum nichts im Gedächtnis haftenbleibt als die extremen Bilder, zu denen sie Anlaß und Ausrede bieten. Fulcis »New York Ripper« (1982) verhält sich zu Hayders »Vogelmann« wie Crack zu herkömmlichem Kokain, und sein Meisterwerk »L'Aldilà« zu Maranos »Dawn Song« wie ein Glas Ethanol zu einem Glas Kölsch.

Gibt es aber überhaupt ein Beispiel dafür, wie Drastik ohne solche Durchgänge durch Konventionen, ohne Genre-Abhängigkeit, gleichsam unverschnitten, funktioniert? Ist sie nicht *immer* Funktion eines Genres, kommt sie *in vivo* überhaupt so rein vor, daß man ein Eichmaß hätte, um die Löslichkeit ihres Gifts untersuchen zu können?

Vielleicht hast Du schon einmal von einem Roman namens »American Psycho« (1991) des amerikanischen Schriftstellers Bret Easton Ellis gehört.

Darin geht es um einen Yuppie, der zugleich Serienmörder ist. Die leidenschaftslose, sterile, am positivistischen Ideal des Protokollsatzes orientierte Abschilderung von Vergewaltigungen, Morden, kannibalischen Akten, die sich da neben nicht enden wollenden Aufzählungen schicker Markennamen, fashionabler Restaurants, geschmacksneutraler Plastik-Popmusik und öder sozialer Riten der innerstädtischen Managerkaste breitmacht, kann und soll einem den Appetit verderben.

Es gab bei Erscheinen ein ziemliches Theater darum: Das Buch galt als obszön, frauenfeindlich, und gewaltverherrlichend bzw. -verharmlosend. Vor allem amerikanische Feministinnen wie die sehr intelligente und idiosynkratische Chefin der Sektion Los Angeles der National Organization of Women, Tammy Bruce, dachten sich ganz neue Boykott- und Kampagnenstrategien aus, um den Verkauf zu behindern; Strategien, bei denen um jeden Preis der Zensurgeruch herkömmlich-puritanischer Buchunterdrückungsversuche vermieden werden sollte und die liberale »Abstimmung mit dem Geldbeutel« (wir schädigen den Verlag, nicht den Buchhandel oder die Redefreiheit) im Mittelpunkt stand.

Natürlich fanden sich auch Apologeten, die auch bei reservierter Haltung zur Frage der ästhetischen Gelungenheit von »American Psycho« das Recht des Autors geschützt wissen wollten, sich mit einem Experiment in Widerwärtigkeit zu exponieren.

Die intelligenteste unter diesen Interventionen stammt von Norman Mailer.

Sie ist im März 1991 im Edel-Lifestyle-Magazin »Vanity Fair« erschienen und wächst sich, wie bei Mailer üblich, nach ein paar Absätzen reiner Literaturkritik zu einer sehr grundsätzlichen Predigt über Kunst, Leben und Leiden aus, die ich in extenso exzerpieren möchte, weil sie auf höchstem erreichbarem denkerischem Niveau Argumente versammelt, die in vergleichbaren Fällen immer wieder aufgefahren werden.

Teils sind sie wertvoll, teils schwach, teils erklärbare, aber unerfreuliche Themaverfehlungen.

»Kunst hilft uns am meisten da, wo sie unser Empfinden dafür, was möglich ist, verändert, wenn wir erfahren, was wir nicht einmal ahnten, wenn wir das Gefühl haben, daß wir mit einem Satz auf die Wahrheit treffen. Das ist, nach der Logik der Kunst, jeden Schmerz wert. Wenn es Furcht ist, die das Leben beherrscht, dann ist es in unserem Fall die Angst vor *Gewalt*, die alles andere bannt. Und doch wissen wir fast nichts über Gewalt, gleichgültig, wie genau wir sie betrachten und wie lange wir damit leben. Die Gewalt in Filmen teilt uns nichts mit. Wir wissen: Es handelt sich um Spezialeffekte.

Um so wertvoller also könnte ein Roman über einen Serienmörder sein, wenn wir daraus etwas erfahren könnten, was wir nicht schon gewußt haben. Fiktion leistet Kundschafterdienste in den Dschungeln und an den Felsvorsprüngen menschlichen Verhaltens, die Psychiatrie, Geschichtswissenschaft, Theologie und Soziologie nicht beschreiben können, weil ihr intellektuelles Rüstzeug sie unbeweglich macht. Fiktion bringt die Beute lebendig heim – all die verbotenen und unerreichbaren Erfahrungen. Fiktion kann sich die letzten Gedanken einer Frau oder eines Mannes vorstellen, wo Mediziner nur Schmerzmittel verabreichen können. Also kann Ellis' Roman nicht einfach unter Berufung auf eine bloße Beschreibung seines Stoffs disqualifiziert werden, wie widerlich die dazu benutzten Auszüge auch sein mögen. Das Gute ist der Feind des Großartigen, und der gute Geschmack ist sicherlich der am besten gepanzerte Feind der Literatur. Ellis beansprucht ein implizites literarisches Recht, das aufgrund der Errungenschaften aller wichtigen und kühnen Romanciers auf ihn gekommen ist, ein Recht, über jeden beliebigen Gegenstand zu schreiben, aber je mehr er riskiert, desto mehr muß er von der Nachtfahrt mitbringen, sonst vergeudet er das einzige Kapital, das wir haben, die literarische Freiheit.«[3]

Norman Mailer ist über Jahrzehnte hin, in denen das nicht immer Mode war, ein beharrlich linker Autor geblieben. Die »Neue Linke« Nordamerikas hat ihn von ca. 1965 an zehn Jahre lang so stark geprägt wie er sie. Wohl deshalb argumentiert er in Fragen der künstlerischen Freiheit noch 1991 entsprechend, nämlich anachronistisch. Das Stichwort von der Kunstfreiheit, auf das er sich verläßt, gehört in den Katalog der »Bürgerrechte«. Tatsächlich war besagte »Neue Linke« eine erzbürgerliche Veranstaltung, die in den USA im ausdrücklich so genannten »Civil Rights Movement« der Schwarzen und dem »Free Speech Movement« auf dem Campus von Berkeley wurzelte, also in zwei Projekten zur Erlangung und Befestigung bürgerlicher Rechte.

Was von Bürgerkindern an Rhetorik dazuerfunden wurde und die ursprünglichen Anlässe rasch überwucherte, lieferte eine ziemlich schrille Ideologie zum realen, nicht nur von Studenten, sondern, wichtiger, auch von Lehrlingen, Sekretärinnen, Reisebüroangestellten oder Dekorateurinnen erlebten gesellschaftlichen Freiheits- und Glückszuwachs im Westen/Norden jener Jahre – Vollbeschäftigung, Prosperität, Mobilität, Pille, Drogen etc. Wie stets bei Bürgerkinderideen war das, was man sich da an den Universitäten zusammendachte, nicht aufgeklärt über dieses Folge-, Nachhut- und Diskursivierungsverhältnis zu stattgehabten und noch statthabenden sozialen Veränderungen. Die Studenten mißverstanden sich vielmehr als Avantgarde, die den Sozialismus, die freie Liebe, den allseitig entfalteten Menschen und so fort verwirklichen wollte und sollte. Hartnäckig hält sich selbst bei den am weitesten nach rechts, nämlich auf die Kommandohöhen des Staatsapparats und der Medien gelangten Überlebenden – und fast immer auch: Renegaten – jener Zeit die Überzeugung, das linksradikale Gefuchtel habe jene reichen Gesellschaften frontal angegriffen, zu deren Selbstmodernisierung es im Gegenteil das enthusiastisch-affirmative Begleittheater war.

Die liberale Moral, die als getrocknetes Residuum übriggeblieben ist, kann sich »Freiheit« aufgrund dieser fortlebenden Angriffsphantasie nur im Zusammenklang mit Kritik, Anklage, Protest vorstellen. Wer so denkt, glaubt dann wie Mailer, daß Drastik nicht als normale Verständigung absichtlich störende Sozialtatsache beschrieben und ernstgenommen werden, sondern als Kritik gedeutet und aufgewertet werden muß.

Der »Vanity Fair«-Aufsatz fährt fort:

»Laßt uns [mit den genannten Kriterien der Kunstfreiheit, Anm. DD.] an diesem Buch der Schrecken Maß nehmen. Es stellt eine Behauptung auf: ›American Psycho‹ teilt uns mit, daß die achtziger Jahre ein Jahrzehnt seelischer Abscheulichkeiten waren und daß das, was der Autor uns vorführt, deren auskristallisierte Form darstellt. Wenn eine ganze neue Klasse davon lebt, Geld aus der reinen Manipulation des Geldes zu ziehen, und der Oberfläche der Dinge verfällt – das heißt, Luxusgütern, Luxusnahrungsmitteln, dem eigenen äußeren Erscheinungsbild –, dann haben wir letztlich, sagt Ellis, eine Ära der völlig kalten Behandlung von Menschen durch Menschen erreicht, und das objektive Korrelat so einer vollständig manipulativen Sozialverfassung ist der beiläufige Mord: ein Sägewerk, in dem Menschen so respektlos zerlegt werden wie Bäume (und ähnlich laut schreien: Batemans Lieblingsarbeitszeug sind Messer, Kettensägen und Nagelwaffen).«[4]

Weil Mailer weiß, daß man über drastische Kunst nicht indirekt reden kann, ohne ihr Wesentlichstes zu verfehlen, gibt er im Artikel auch ein Beispiel für Ellis' Metzelschilderei, nämlich den Mord des Psychopathen an einem Penner, weil dessen Armut ihn abstößt.

Von da aus fällt es ihm leicht, sich den Autor von »American Psycho« so zurechtzudenken, daß die zentrale Kunstfreiheitsbedingung erfüllt ist: Wir haben, erläutert er, in Ellis eine Art Anti-Tom-Wolfe zu gewärtigen. Während nämlich jener, etwa im »Fegefeuer der Eitelkeiten«, seinen sämtlich dem (gehobenen und nicht ganz so gehobenen) Mittelstand zugehörigen Lesern mitteilt, daß die amerikanischen Eliten zwar aus platten, oft recht dummen Menschen bestehen, die niederen Klassen aber unvergleichlich viel schlimmere Charaktere hervorbringen, will Ellis umgekehrt darauf hinaus, uns mitzuteilen, daß eine Gesellschaft, deren erfolgreichstes, dynamischstes demographisches Segment absolut amoralische Geschöpfe wie jenen Patrick Bateman enthält, der Ellis' schreckliche Geschichte in der Ich-Form erzählt, in ernsten Schwierigkeiten steckt.

Diesem Lektüreprogramm gehorchend, muß Mailer das Buch als Kunstwerk geradeso entschieden ablehnen, wie er es als Versuch, die Kunstfreiheit berechtigterweise in Anspruch zu nehmen, den restlichen Artikel über vehement verteidigt. Die These von der hohlen, mitleidlosen, bis ins Mark von Menschenhaß zerfressenen nordamerikanischen Gesellschaft der achtziger Jahre ist nämlich, findet Mailer, zu groß, zu kühn, als daß eine Aneinanderreihung von Markennamen und Untaten sie wirklich erhellen oder gar stützen könnte.

Das Dumme ist nur, daß Ellis nirgendwo behauptet, er wolle diese These ausleuchten, belegen – oder auch nur aufstellen.

Mailer merkt nicht, daß die Elle, an die er das Buch hält, von ihm stammt, aus seiner Gesinnung, nicht aus der Kunst oder der sachgeleiteten Reflexion darauf. Sein Beispiel vom Penner, den Bateman quält und verletzt, soll das »sozialkritische« Lektüremodell stützen – und verrät dessen ganze Verfehltheit, weil es in »American Psycho« zwar zahlreiche Schlitz- und Quälszenen gibt, aber doch außer dieser einen keine, die sich so eindeutig irgendeiner Art von Relation zwischen dem gesellschaftlichen Status des Serienmörders und seinem Opfer anbequemen.

»American Psycho« handelt nicht vom Klassenkampf mit scharfen und spitzen Gegenständen, sondern von Gelegenheiten zur Darstellung von Vorgängen wie dem, dessen Schilderung ich Dir jetzt zitiere.

Es geht hier um einen Besuch von Batemans Exfreundin Bethany bei ihm zu Hause und die Folgen – das Kapitel wird bei Mailer nicht diskutiert, war aber von Anfang an eins der bei feministischen, christlichen und sonstigen politisch-moralisch gegen das Buch gerichteten Interventionen entscheidenden:

»›Was?‹ fragt sie, noch immer in den Onica vertieft.

›Ich sagte, was hast du Nutte mit Robert Hall?‹ flüstere ich.

›Was hast du gesagt?‹ Wie in Zeitlupe, als wäre es ein Film, dreht sie sich um.

Ich warte, bis sie das Bolzenschußgerät gesehen hat und die in Handschuhen steckenden Hände, ehe ich schreie: ›Was hast du Nutte mit Robert Hall?‹

Vielleicht instinktiv, vielleicht aus Erfahrung, rennt sie laut schreiend zur Vordertür, vergeblich. (...) Mühelos springe ich vor sie, schneide ihr den Fluchtweg ab und schlage sie mit vier Hieben auf den Kopf mit dem Bolzenschußgerät nieder. Ich zerre sie zurück ins Wohnzimmer, lege sie auf den Boden auf ein weißes Voilacutru-Baumwollaken, dann strecke ich ihre Arme aus, lege ihre Hände flach mit den Handflächen nach oben auf dicke Holzbretter und nagele wahllos drei Finger jeder Hand an den Spitzen aufs Holz. Das bringt sie wieder zu Bewußtsein, und sie fängt an zu schreien. Nachdem ich ihr Tränengas in die Augen, den Mund und in die Nasenlöcher gesprüht habe, lege ich einen Kamelhaarmantel von Ralph Lauren über ihren Kopf, der die Schreie einigermaßen dämpft. Ich schieße noch mehr Nägel in ihre Hand, bis beide ganz damit bedeckt sind – Nagel an Nagel, an manchen Stellen überlagern sie einander, was es ihr unmöglich macht, sich aufzusetzen. Ich muß ihre Schuhe entfernen, mit leichtem Bedauern, aber sie tritt wild um sich und hinterläßt auf dem Parkett aus weißer Eiche schwarze Schleifspuren. Während dieser Phase schreie ich immer wieder ›Du Nutte‹, dann senkt sich meine Stimme zu einem heiseren Flüstern, und ich sabbere ihr ins Ohr: ›Du Drecksfotze.‹

Endlich, im Todeskampf, nachdem ich ihr den Mantel vom Gesicht genommen habe, beginnt sie zu betteln, versucht es wenigstens, als das Adrenalin kurzzeitig die Oberhand über den Schmerz gewinnt. ›Patrick, o Gott, hör auf, bitte, o Gott, nicht mehr weh tun . . .‹ Aber natürlich kehrt der Schmerz zurück – er ist zu allgegenwärtig –, und wieder wird sie ohnmächtig und erbricht, während sie bewußtlos ist, ich muß ihren Kopf halten, damit sie nicht dran erstickt, und dann gebe ich ihr noch mal Tränengas. Die Finger, die nicht festgenagelt sind, versuche ich abzubeißen, was mir bei ihrem linken Daumen fast gelingt, immerhin kann ich alles Fleisch abnagen, bis der Knochen offen daliegt, und dann gebe ich ihr noch mal Tränengas, was gar nicht nötig gewesen wäre. Ich lege ihr wieder den Kamelhaarmantel über den Kopf, falls sie schreiend aufwacht, dann bringe ich die handtellergroße Sony-Handycam in Position, damit ich alles weitere filmen kann. Sobald die Kamera auf dem Stativ steht und auf Automatik läuft, beginne ich mit der Schere Bethanys Kleid aufzuschneiden, und als ich zum Brustkorb komme, piekse ich gelegentlich nach den Brüsten, wobei ich unabsichtlich (na ja) einen ihrer Nippel durch den BH absäbele. Bethany fängt wieder an zu schreien, als ich ihr das Kleid vom Leib gerissen habe und ihr nur den BH, das rechte Körbchen dunkel von Blut, und den uringetränkten Slip lasse, die ich mir für später aufhebe.«[5]

Spätestens hier ist Mailers Argument kaputt.

Wir erfahren zu viel, als daß man das noch auf irgendwelche Abstrakta projizieren könnte, auf »die Erfolgreichen«, »die Gesellschaft«: Wäre das, was hier passiert, verallgemeinerbar, dann wären wir als Gesellschaft nicht nur erheblich schlechter dran, als wir sind, sondern wirklich am Ende.

Warum also, fragst Du jetzt vielleicht, wenn denn doch so ganz offensichtlich nicht aus den von Mailer unterstellten Gründen, schreibt jemand so etwas hin?

(Es ist Deine alte Frage an Paul und mich: Was soll das? Warum lest ihr so was?)

Warum in dieser Ausführlichkeit, bis erst jede Verallgemeinerbarkeit davon zerrissen wird und wir nur noch den Einzelfall, den Moment sehen und es also persönlich nehmen müssen, gleichsam genötigt werden, ganz nah ranzukommen und hinzuschauen, bis an den Punkt also, da man nicht mehr rausgehen möchte ins Dunkle, um Öl zu holen, und dann ist noch nicht mal Schluß, das heißt, Ellis begnügt sich nicht damit, diese Abscheulichkeiten mit dem Detachement eines Experimentators im Tierversuchslabor (Wendungen wie »während dieser Phase«) Punkt für Punkt aufzureihen?

Es reicht Ellis nicht, das filmische Prinzip von Schnitt, Gegenschnitt und Wiederholung zu syntaktisch-anaphorischen Folterzwecken zu adaptieren – »... und dann gebe ich ihr noch mal Tränengas ...«, »... und dann gebe ich ihr noch mal Tränengas, was gar nicht nötig gewesen wäre ...« – nein, sogar die Wiederholungsworte »wieder«, »immer wieder« und »noch mal« selbst werden mehr als einmal gebraucht, als faktorisierte Wiederholung sozusagen. Die leidenschaftslose Stimme klebt alles Eklige, gleich zu gleich, parataktisch aneinander, als wäre sie bei Kleist in die Schule gegangen.

Die Steigerung ins Unerträgliche besteht ebendarin, daß es keine spürbare immanente Erregungskurve gibt; die Übertreibung resultiert aus dem Gleichmut, aus der Stille, in der das Geschrei, Genagel, Gequäle stattfindet, unter der Käseglocke eines völlig wertungsfreien, im Wortsinn geschmacklosen Duktus.

Man soll beim Lesen erst erschrecken, sich dann ekeln: Es reicht, aufhören.

Und dann?

Dann geht es immer noch weiter:

»Ich beuge mich über sie und brülle über ihre Schreie hinweg: ›Schrei doch, schrei, schrei weiter ...‹ Ich habe alle Fenster und die Tür zu meiner Terrasse aufgerissen, und als ich über ihr stehe, öffnet sich der Mund, und nicht mal Schreie kommen noch raus, nur schreckliche, gutturale, tierische Laute, manchmal unterbrochen von würgenden Geräuschen. ›Schrei, Schätzchen‹, dränge ich, ›schrei weiter.‹ Ich beuge mich hinunter, noch tiefer, streiche ihr Haar zurück. ›Keiner hat Mitleid. Keiner wird dir helfen ...‹ Sie versucht, wieder aufzuschreien, verliert aber des Bewußtsein, es reicht nur noch für ein schwaches Stöhnen. Ich nutze ihren hilflosen Zustand, streife die Handschuhe ab, reiße ihr den Mund auf, schneide mit der Schere ihre Zunge heraus, die sich leicht aus dem Mund ziehen läßt, halte sie in der offenen Hand, warm und noch blutend und viel kleiner, als sie im Mund wirkte, und werfe sie an die Wand, wo sie einen Moment festklebt und einen Fleck macht, ehe sie mit einem niedlichen feuchten Plitsch zu Boden fällt. Blut schießt aus Betanys Mund, und ich muß ihren Kopf halten, damit sie nicht erstickt. Dann ficke ich sie in den Mund, und nachdem ich abgespritzt und meinen Schwanz rausgezogen habe, gebe ich ihr noch mehr Tränengas.«

Danach erlaubt sich Bateman noch ein paar Albernheiten mit der Halbtoten, und endlich nur mehr müde Wiederholungen, wie bei der uninspirierteren Pornographie: »Ich schlage ihr hart ins Gesicht, zische: ›Dämliche Nutte‹ und besprühe ihr Gesicht mit Spucke, aber es ist so voller Tränengas, daß sie es vielleicht gar nicht spüren kann, also besprühe ich es wieder mit Tränengas und versuche dann, sie noch mal in den Mund zu ficken, aber ich kann nicht kommen, also laß ich's.«[6]

Damit endet das Kapitel.

Das nächste eröffnet Ellis, seinem geschmacksneutralen Aneinanderreihungsprinzip treu bis zur Selbstverleugnung, mit einem Restaurantbesuch. Und jetzt kennst Du die Temperatur, um die es geht.

D.

Brief über gestreckte Zeit, Aufklärung und andere Arten von Unnatur

Warst Du, Sonja,

je zur richtigen, das heißt: zur ganz besonders falschen Zeit am Schauplatz einer Katastrophe – Flugzeugabsturz, Bombenanschlag, Amoklauf – und hast das, was da passiert ist, mit einer Handvideokamera, einem Tonbandgerät oder einem Fotoapparat dokumentiert? Bist Du je am Schreibtisch gesessen, sagen wir: spätabends oder nachts, und hast damit gekämpft, Ereignisse oder einen Gedanken aufzuschreiben, die Dich übers sozial verträgliche Maß hinaus erregen, ängstigen oder verstören? Hast Du je probiert, mit Deinem Freund, Deiner Freundin, Deinem Mann, Deinem Hund oder wem oder was auch immer – ich kenne Deine Vorlieben und Verhältnisse nicht – einen privaten Pornofilm zu drehen?

Wenn ja, dann wird Dir aufgefallen sein, daß später, auf den Dokumenten, alles kleiner, kürzer, kompakter aussieht – am auffälligsten beim Pornobeispiel. Die dokumentarischen erotischen Heimvideos von Prominenten, die in den letzten zehn Jahren an die Öffentlichkeit gelangt sind (Pamela Anderson, Paris Hilton), haben die aus leidvoller und oft unfreiwillig komischer eigener Praxis stammende Ahnung schlagend bestätigt: Seht diese armen Menschen, sie machen da in jeder sich anbietenden Stellung maximal zwei Minuten rum, denken wahrscheinlich, sie wären schon ewig zugange, wechseln panisch die Positionen, herzig, tapsig – während man bei professioneller Pornographie immer je mindestens fünf Minuten ausdauernd in derselben Einstellung denselben Vorgang präsentiert bekommt.

Der drastische Augenblick, will ich sagen, hat nicht nur, wie schon erörtert, eine hohe Reizpackungsdichte, sondern erlaubt es auch, zwischen innen und außen, beteiligt und unbeteiligt, aktiv und passiv auf andere Art zu unterscheiden, als wir das normalerweise tun. Eine Art spezieller ästhetischer Relativitätstheorie bietet sich an: Die Drastiksekunde ist so datenreich – das auf dem Eis rutschende Auto, Dein ganzes Leben in einem Atemzug, die Vögel, die so langsam wegflattern, das gestreckte Hupgeräusch des Lasters –, daß denen, die sie erleben, alle realen Zeitverhältnisse drüber durcheinandergeraten.

Drastische Künstler wissen das. Sie simulieren es mit langen Einstellungen – bis bei Fulci ein Auge herausgepopelt ist, vergehen buchstäblich Minuten – oder penetranten Wiederholungen: »... und gab ihr noch mal Tränengas.« Drastik als Mimesis an fordernde, anstrengende Erlebnisse sagt also zum erfundenen Ereignis: Verweile doch, du bist so eklig respektive geil. Dafür brauchen die Künstler selbst wie ihr Publikum erstens einen guten Magen, zweitens Konzentration und drittens Geduld – nur wer es aushält, lange, öde Stunden an sehr langweilige Tätigkeiten wie reshoots (beim Film) oder Revisionen (beim Schreiben) zu wenden, hält auch dieses Fach aus. Nur wer sich ohne Reue zu langweilen vermag, kann andere Leute entsetzen oder erregen.

Dieser Zug von Pedanterie ist aber nur die erste und primitivste Gemeinsamkeit von Drastik einerseits, *Aufklärung* und *Wissenschaft* andererseits, die einem auffallen kann.

In den letzten Jahren hat man, meist verfaßt von Leuten aus

dem Bereich angloamerikanischer *Science Studies*, eine Menge Literatur darüber zu lesen bekommen, welche Arten von hochkomplexen Verbindungen zwischen verfeinerten visuellen Kulturtechniken, Aufklärung und moderner Wissenschaft, bildgebenden Verfahren und repräsentationssuggestiven Effekten bestehen – Roy Porter hat uns über die Rolle unterrichtet, die Anatomie, Medizin, Sektion beim »Entstehen der modernen Welt« gespielt haben; Barbara Maria Stafford das neue Menschenbild der bürgerlichen Epoche als eine gesteigerte Verlängerung von barocken Vanitas-Darstellungen mit deutlicherem Akzent auf *anatomischen Details* interpretiert und den mit wissenschaftlichen Mitteln ermöglichten *unterhaltsamen Effekt* als wichtiges Merkzeichen gesellschaftlicher Aufklärungsprozesse dargestellt – Naturalienkabinette, chemische Feuerwerke, mathematische Gemütsergötzungen, Dioramen, bildende »Zauberkunststücke«, demonstrative Experimente mit Elektrizität oder Mechanik; Peter Gallison hat ausgeführt, daß auch unanschauliche Forschungszweige bis weit in die angeblich postaufgeklärte Gegenwart auf die drastifizierenden Ressourcen geduldig ausgebreiteter Zeigetechniken zurückgreifen.

Überschaut man einmal in Ruhe dieses Material, wird man zusammenfassend sagen dürfen, daß der »pictorial turn«, den manche neuerdings im medialen Leben der Massen ausgemacht haben wollen, sich vielleicht doch eher am Humanismus, der Renaissance, der Aufklärung und der Französischen Revolution festmachen läßt als am Internet und am Fernsehen, insofern nämlich eine Veränderung, die von Bürgern und Besitzern, also von gesellschaftlichen Gruppen getragen wird, welche sich in den darauffolgenden zweihundert Jahren buchstäblich die Erde untertan machten, den Namen einer »Wende« weitaus eher verdient als ein, zwei maßvolle Fortschritte der elektronischen Inneneinrichtung unserer zumindest unterhalb der Millionärsschwelle kulturell gründlich durchnivellierten spätbürgerlichen Welt.

Als man, der Kirche und den mittelalterlichen Mores trotzend, damit anfing, Leichen zu sezieren und durch Fernrohre zu gucken, fing der Fortschritt an: Was der Bürger »Vernunft« nannte, war kein kognitives, sondern ein pragmatisches Vermögen.[1] Jede technische Produktivkraftexplosion begann seit der Renaissance (und vielleicht schon immer, wir wissen zu wenig) als berechnende Bastelei, als Geduldsspiel, bei der die Leidenschaften eingeklammert und die Nerven bewahrt sein wollten: »genaue Analyse und peinliche Präzision«, forderte der Aufklärer Pieter van Musschenbroek zur Neutralisierung der »Systeme des Schwindels« des *ancien régime*.[2]

Das Präzisionsgebot leitet den Neuzeitgemäßen also nicht nur beim Aufschneiden von Toten, Vermessen des Weltraums und Anlegen von Fossiliensammlungen, sondern auch bei Reform- oder gar Umsturzbemühungen am Gesellschaftskörper. Die Dichte der Arbeiten von Enzyklopädisten und Polemikern gegen den Absolutismus und die Ständegesellschaft, in denen Definitionen, Analytisches, zergliedernde, anschauliche Beschreibung der Teile des sozialen Ganzen hervorragende rhetorische Stellen besetzten, ist auffällig.

Das neue Ethos hat die Aufstiegszeit des Bürgertums lange überlebt: Noch als die klassisch konkurrenzbürgerliche Lebensform, die das Trägerpersonal von Aufklärung und Industrialisierung gestellt hatte, infolge Kapitalkonzentration und Trustwirtschaft wegzubrechen begann, haben politisch radikale, also sozusagen argumentativ drastische Köpfe wichtiger linker Bewegungen der Hochmoderne fast immer die *Kontinuität* ihrer revolutionären Bemühungen mit denen des achtzehnten und neunzehnten Jahrhunderts betont – Lenins berühmte Parole »Geduldig aufklären!«, mit der er dazu aufforderte, beim Aufbau des Sozialismus besonders Alphabetisierung, Bekämpfung der Religion und Förderung der Wissenschaft voranzutreiben, illustriert Dir vielleicht, was ich meine. Nach dem Zweiten Weltkrieg war das dann alles fort: »links« hieß im Gegenteil bald Distanzierung von der Aufklärung (und von der modernen großen Industrie).

Geduld, Präzision, Anschauen, Zeigen, keine Angst vor Langeweile: Drastik, Aufklärung und moderne Wissenschaft verbindet also nicht nur Methodisches, sondern auch Historisches. Sie saßen von Anfang an, soll heißen: ab spätestens dem achtzehnten Jahrhundert, im selben erkenntnisleitenden und ästhetischen Boot – man muß, um das zu verstehen, nicht Denis Diderots »Geschwätzige Kleinode« kennen, in denen Sinnlichkeit und Aufklärung es ebenso intim miteinander zu tun bekommen wie im kuriosen Namen »Sensualismus« für eine frühbürgerlich-frühmaterialistische Philosophenschule.

Man muß auch nicht wissen, daß die Worte

»Franzosen, noch eine Anstrengung, wenn Ihr Republikaner sein wollt«[3],

und

»Prüfen wir sorgfältig die absurden Dogmen, die erschreckenden Mysterien, die gräßlichen Zeremonien, die unmögliche Moral dieser abscheulichen Religion (i. e. des Christentums,

Anm. DD), und wir werden sehen, ob sie einer Republik würdig sein kann.«[4]

und

»All unsere Gedanken sind Abbilder der Gegenstände, die auf unsere Sinne einwirken; was kann sich uns in der Gottesvorstellung widerspiegeln, die doch offensichtlich eine gegenstandslose Idee ist?«[5]

und

»Niemand kann sich ein freies Wesen zueigen machen; es ist so ungerecht, eine Frau ausschließlich zu besitzen, wie es ungerecht ist, Sklaven zu besitzen; alle Menschen sind frei geboren, alle sind vor dem Gesetz gleich: Verlieren wir diese Grundsätze nie aus den Augen.«[6]

im selben Text stehen wie die Worte

»Nun werde ich Sie arschficken, Madame. Eugénie, über Ihnen, Ihren Kopf zwischen den Beinen, bietet mir ihre Klitoris zum Lecken an: Ich bringe sie ein zweites Mal dazu, ihren Saft zu verströmen. Daraufhin begebe ich mich zurück an Ihren After. Sie halten mir Ihr Arschloch hin, wie Eugénie soeben die Votz, das heißt also, daß nun Sie, wie jene es getan hat, ihren Kopf zwischen Ihre Beine nehmen.«[7]

und

»Ich werde sie enthaaren und in die Schenkel kneifen, bis sie blutig sind.«[8]

und

»Das Hürchen wird ein Blutbad anrichten!«[9],

Verfasser der »Philosophie im Boudoir«, der all diese teils radikalemanzipatorischen, teils kontextzersetzend drastischen Passagen entnommen sind, ist derselbe Herr de Sade, dem Pier Paolo Pasolini dann weniger den Stoff als vielmehr die Methode für seinen drastischsten Film »Salò oder die 120 Tage von Sodom« gemopst und dessen Leben Rocco Siffredi, an den Du Dich vielleicht noch aus dem ersten Brief erinnerst, drastisch genug, inklusive Urin- und Ohrfeigenorgien, verfilmt hat.

Ich entwickle, was Du hier eben gelesen hast, schriftlich nicht zum erstenmal, erzählt habe ich es noch öfter.

Wann und wo immer ich es vortrage, stoße ich auf einen Widerstand von bestürzend hoher Viskosität, einen Unglauben, der sich hauptsächlich einem Bild von der Aufklärung, der Vernunft, kurz: allen – nach Nietzsches fataler Einteilung der Kulturfunktionen in dionysisch-rauschhafte einerseits und apollinisch-rationale andererseits – apollinischen Aspekten der Kultur der Neuzeit und der Moderne verdankt, in dem Drastik einfach nicht vorkommt. Dieses Bild beherrscht die Lehr- und Vulgärmeinungen von der Sache so gründlich, daß es gewissen Intellektuellen, vornehmlich frankophoner Herkunft, schließlich gelingen konnte, das anschauliche, bildnerische und diskursive »Über-die-Stränge-Schlagen« ästhetischer Drastik als etwas darzustellen, das dem aufgeklärten Projekt einer vernünftig eingerichteten menschlichen Welt nicht nur fremd, sondern geradezu feindlich entgegengesetzt sein soll.

De Sade zum Beispiel ist sehr selten, eigentlich nie und nirgends außer im frühen Surrealismus und bei dessen bis zu seinem Tod beharrlichsten Propagandisten, André Breton, für Emanzipatives, »Fortschrittliches« (wie das damals hieß) auf den Schild gehoben worden. Viel häufiger finden wir ihn als (bestenfalls tragischen) Zyniker porträtiert, dessen Gewalt- und Sexualphantasien sich dem Verlust des Glaubens an die Macht der Vernunft verdanken, etwa bei Peter Weiss.

Noch öfter, insgesamt wohl bestimmend für die Sade-Rezeption der Avantgarde und ihre postmodernen Abdecker von Apollinaire bis Bataille, Klossowski bis Foucault, figuriert er als eine Art tobsüchtiger gegenaufklärerischer Wüterich, der alles Irrationale, Brutale, Perverse und Beknackte verwaltet, das vom vernünftigen Bürgertum diszipliniert, ausgegrenzt, unterworfen oder ausgerottet wurde und weiter wird.

Was ich Dir überhaupt zu sagen habe, richtet sich gegen diese finstere Fehllektüre von Drastik als einer Art naturhafter, unreglementierter Selbstentäußerungsform des Außer- und Antivernünftigen.

Drastik, wie ich sie verstehe und vorstellen möchte, ist nicht chthonisch, kommt nicht aus der »Bluturenge« (Marx) irgendeiner vorsintflutlichen Unzivilisiertheit hervorgeschossen, steht nicht unter Wahndampf. Ihre Indienstnahme für gegenmoderne, anti-aufklärerische, irrationalistische Propaganda, vom rechten Flügel der surrealistischen Bewegung bis zum Poststrukturalismus und den Rechtsaußen-Fraktionen der popkulturellen Gothic-, Black-Metal- und Dark-Wave-Strömungen[10], ist genau das: eine Instrumentalisierung, die über *Interessen* und *Absichten* läuft, also nicht dem »Wesen der Sache« entspricht, dem sie vielmehr sowenig gerecht wird wie die ideologische »Verwissenschaftlichung« des altabendländisch-christlichen Judenhasses zum modernen »Rassenantisemitismus« irgendeinem »Wesen der Wissenschaft.«

Beide, Drastik wie Vernunft, haben in den Massenmedien des postmodernen *juste milieu* eine denkbar schlechte Presse. Größter und bedauerlichster Erfolg dieser Hetze ist die nach dem »Teile und herrsche«-Prinzip erreichte Polarisierung des Diskurses über Drastik gewesen, auf dessen Feld jetzt nur noch Befürworter drastischer Kunst gegen die Vernunft eifern und Vertreter angeblich vernünftigen Argumentierens gegen die sogenannte »Haßindustrie«, den »Trash« und andere drastische Emanationen genau der Moderne, die sie eigentlich beschützen wollen.

Wenn ich irgend etwas Begrabenes in Dir anrufen und wekken will, dann nicht die Rachegöttin Kali, sondern das äußerste, im Laufe des Argumentations- und Erzählgangs dieser Briefe zu begründende Mißtrauen gegen die Idee, das Drastische sei »dionysisch«, der drastische Künstler ein triebhafter Charakter.

Ähnlich wie die (übrigens, wenn auch geschickt kulturrelativistisch drapiert, erzrassistische) Idee, improvisatorische Jazzmusik laufe grundsätzlich über den »Bauch« und andere mit Gekröse und Schleim gefüllte Körperteile, während sie doch in Wirklichkeit nur zustande kommt, wo Musiker beim Spielen in der Lage sind, buchstäblich unzählige sekundenschnelle kognitive, intellektuell höchst wendige Dezisionsmanöver auszuführen, appelliert der ganze Artaud-Bataille-Foucault-Kram an den unaufgeklärten und ästhetisch einfältigen Aberglauben, das gewaltsame Werk hinge von brodelnden, knallenden und stinkenden Prozessen im Künstler ab, der doch in Wirklichkeit Kälte, neurochirurgische Gewissenhaftigkeit und Geduld braucht, seine Arbeit jederzeit gut ausleuchten und, ohne zu blinzeln, direkt anschauen muß und sie, wenn das Ergebnis durch Zittern oder Unschärfe innere Unruhe des Schöpfers verrät, nur wegschmeißen kann.

Aus Unruhe, sage ich Dir, ist noch nichts großartig Erregendes oder Ekelhaftes geschaffen worden, die drastische Geste verlangt Eleganz, ihr Ort ist der Operationssaal, nicht das Schlachtfeld, und ihre besten Titel stellen, als wären es medizinische Diagnosen, unaufgeregt einfach fest, worum es geht: »Exquisite Corpse« von Poppy Z. Brite, »Ekel« von Roman Polanski, »Katze im Hirn« von Fulci, »Die Bücher des Blutes« von Clive Barker, »Cruelty and the Beast« von Cradle of Filth.

Erkennt man, daß moderne Drastik eine (kulturindustrielle wie avantgardistische, elitäre wie massenunterhaltende) Verlängerung von Zeige-, Rede- und Beobachtungsformen ist, die nicht in Atavistischem gründen, sondern erst mit dem Aufstieg des Bürgertums und der Ideenwelt der Aufklärung geschichtsmächtig wurden, wird man vor allem die beiden schweren Denkfehler vermeiden können, die jede öffentliche Unruhe über drastische Kunst seit Jahren beherrschen.

Sie haben beide mit einer Fehlbeschreibung von Rezeptionstatsachen zu tun: Fast nie gibt jemand richtig wieder, wie das Publikum, das Drastik schätzt, sie tatsächlich erlebt. Nirgends liest oder hört man, wie Horrorfilmfans oder Pornocomic-Sammler mit ihrem Zeug tatsächlich umgehen, weil zwei Fehler den zutreffenden Bericht davon unmöglich machen.

Die beiden Fehler heißen Zensurbegehren und Apologie.

Wer den ersten begeht, wird denken, sagen und schreiben:

»Diese Sachen appellieren an niedere Instinkte, an die Bestie im Menschen, und bewirken bei längerer Kontamination des Hirns sozialethische Desorientierung, Hemmschwellensenkung und Amoralismus.«

Wer dem zweiten aufsitzt, muß für wahr halten: »Diese Sachen sind phantasmatische Blitzableiter, Ventile, kathartische Abfuhrmittel der Seele, welche die asozialen und rohen Instinkte sublimieren, symbolisieren, kommunizieren.«

Beide Denkweisen sind aufeinander angewiesen, um zu funktionieren: Jede Partei kennt und beäugt die andere und formt ihr Argument danach. Beide Partein negieren für ihren Gegenstand die sonst in Kulturdebatten sakrosankte Kunstautonomie und versuchen jeweils, die Vertreter der Gegenpartei nicht etwa hinsichtlich ästhetischer Urteilskompetenz, sondern vor allem an Reichweite des soziologischen Scharfblicks zu überbieten. Beide Parteien, scheint es, kennen überhaupt keine andere Ästhetik als die Wirkungsästhetik. Beide nehmen den Stoff der Drastik für das Ganze und fallen so gründlich auf die Transparenz herein, mit der diese Werke gearbeitet sind, daß sie das fertige Werk jeweils als tatsächlich komplett durchlässige Schleuse für primordiale, aggressive oder libidinöse Impulse behandeln; strittig ist dann bloß, in welche Richtung der Schmutz die Schleuse passiert. Entweder kommt der Dreck durch das Zeug in die Leute oder aus ihnen hinaus; ein Drittes soll es nicht geben.

Beide Parteien reden demagogisches Blech.

Das würde auch allen Beteiligten sofort klar, wenn sie sich mal einen Moment lang nicht, gefesselt an die moralischen und normativen Unnachgiebigkeiten von Ablehnung und Verteidigung, miteinander unterhalten, sondern sich statt dessen die Frage gestatten würden, wie plausibel die zwei diesen Fehldeutungen impliziten Lektüremodelle überhaupt sind. Statistisch zum Beispiel: Wenn die »homo homini lupus«-Fraktion recht hätte, gäbe es dann unter Horrorfilmfans nicht sehr viel mehr Serienmörder und Vaterschänder als dokumentiert, und wären dann Verbrecher wie jener russische Menschenfresser möglich, der ohne jede Anregung seitens westlicher Video-Verderbtheit in den schönsten Ostblockjahren jahrelang munter vor sich hin gemetzelt hat?

Umgekehrt aber: Wenn die »Abfuhr und Katharsis«-Truppe den Vorgang erfaßt hätte, müßten dann Leute wie Paul, ich und unsere Freunde aus unserm dörflichen Fulci-Fankreis nicht längst halbe Heilige sein, zumindest aber doch ein bißchen getrösteter durchs Leben gehen? Werden also die beiden Theoreme nicht schon an ein klein wenig Beobachtung bei echten Asozialen und Soziopathen einerseits, echten Drastik-Genießern andererseits sofort zuschanden? Wir reden, wenn wir von den Kulturträgern reden, die solche Debatten verfolgen, von Leuten, welche ... ja, wie soll ich Dir, die sich in Naturwissenschaftlerkreisen bewegt, das anders ausmalen als anekdotisch?

Vor Jahren habe ich mal eine Weile in der Redaktion eines Pop-Magazins arbeiten dürfen.

Das ist immerhin ein Ort, an dem man noch vergleichsweise viel Erfahrungshunger hinsichtlich kulturindustrieller Erzeugnisse erwarten darf, ein Ort, an dem die übleren Borniertheiten des schöngeistigen Milieus nicht vorkommen sollten. Wie habe ich mich deshalb darüber gewundert, daß ich dort erleben mußte, wie Damen und Herren mit lupenreinster Bohème-Sozialisation in den besten Rauchkneipen Altwestdeutschlands in den Pausen zwischen öden Redaktionskonferenzen und hektischer Heftmacherei sich immer wieder das Maul über drastische Unterschichtsvergnügungen zerrissen haben – Pazifistinnen, Feministen, lauter Leute, die sich eher die Zunge abgebissen hätten, als ein politisch unkorrektes Röcheln von sich zu geben, schmähten da, so gut sie konnten, mißliebige Rocker als »Inzest-Hinterwäldler«, bezeichneten schrille weibliche Disco-Stars als »peinliche Realschülerinnen« oder nannten Computerspiele mit hohem Metzelfaktor »Unterhaltung für Untermenschen« – nicht im guten, bösen Spaß, sondern mit erhobenem Zeigefinger, im schönsten Lehrertremolo. Man kann ihn sich nicht vorstellen, wenn man nicht dabei war, diesen mit Ekel vor vermeintlich niederen Lebensformen vermischten Klassendünkel von Anwaltstöchtern und Fabrikantensöhnen, Buben mit Adelstiteln und Mädchen mit Nazigroßvätern, dieses altjüngferliche ... na ja, schon gut. Ich hatte in meinem Leben vor meiner Arbeit bei der Pop- und sonstigen Kultur sowenig mit diesem liberalen Menschenschlag zu tun wie umgekehrt jene Damen und Herren mit Proleten, auch ordentlich anintellektualisierten wie mir.

Das also, die Segregation nach sozial ziemlich problemlos einsortierbaren Benutzern einerseits und Unbeleckten andererseits, ist der erste Grund dafür, daß die beiden ressentimentbelasteten Denkansätze, die ich Dir beschrieben habe, die öffentliche Auseinandersetzung über Drastik so unangefochten beherrschen.

Der zweite ist, daß man einerseits den Sachen selbst, die da verfehlt werden, nur dann theoretisch beikommt, wenn man ihre apollinischen, rational-funktionalistischen, sich von (im weitesten Sinne) Aufklärung herschreibenden Aspekte registriert und richtig bewertet. Andererseits aber leben wir – was Dir als exakter Wissenschaftlerin vielleicht neu sein wird – in einer Zeit, in der nichts, aber auch gar nichts so sehr

Konsens unter schöngeistig Gebildeten ist wie Distanz von der Aufklärung, Zurückweisung von Rationalismen aller Art, Post-Abendländisches, Nichtwestliches, Paradigmengewechseltes.

Glaub's nur: Für einen aufgeklärten Menschen im altabendländischen Sinn mag niemand unter den standesbewußten Markenmeinungsproduzenten der veröffentlichten Intelligenz gelten. Das ist passé.

Sie alle, der kritische Rationalist, die soziale Konstruktivistin, der Systemtheoretiker, der neue Spirituelle, die Diskursanalytikerin, der Dekonstruktivist, die Neopragmatistin, der Globalisierungskritiker, der Feminist, die Postkoloniale, die Neue Rechte, der neomarxistische Wertkritiker, der Neoliberale, die Hegemonialanalytikerin im Gramsci-Stil, der Feind des Empire, wollen die aufgeklärte Moderne hinter sich lassen und überbieten einander mit immer steileren Begründungen dafür, daß das nötig und möglich ist.

Die Vernunft im cartesischen, leibnizschen, voltaireschen, diderotschen, hegelschen oder marxschen Sinn hat fast eine so schlechte Presse wie der Ekelfilm und das Pornoheft.

Worauf ich Deine Aufmerksamkeit lenken möchte, ist dies: Die bewußte, planende, von Gestaltungswillen getragene Verweigerung jeder obskurantistischen Weichzeichnerei, das gezielte Anleuchten von Gegenständen des Lebens und Leidens mit –

Was mich da gerade (na, nicht ganz: vor dreieinhalb Stunden) aus dem Schreiben gerissen hat, war ein Anruf. Wenn Du alle diese Briefe tatsächlich eines Tages liest, weißt Du vielleicht schon, wer dran war: Der Junge von der anderen Straßenseite, Paul. Wir haben die halbe Nacht verquatscht. Er fand es »putzig«, daß ich in die tiefen Stollen steige, zu den alten Zeiten, alten Bildern, alten Geschichten und der alten Musik. Ich muß morgen früh raus, zur Zeitung – es bleibt mir also nichts anderes übrig, als das hier für heute abzuschließen.

Morgen mehr,

D.

Brief über die unedlen Metalle

Musik von früher, Sonja,

und alte Geschichten: Ich habe den ganzen Tag drüber nachgedacht, wegen der langen Unterhaltung mit Paul gestern nacht, und bin zu dem Ergebnis gekommen, daß es vielleicht doch nicht die Freundschaft und auch nicht die linksradikale Politik war, was ihn und mich verbunden hat und was auf schwer zu beschreibende Art immer noch da ist, sondern der Hall, das Nachbeben: die Musik.

Du kanntest uns beide, und warst doch nicht dabei, denn Du hast diese Musik nicht gehört.

Laß mich erzählen, wie es war.

Sie stürmten die Bühne wie durch Magie lebendig gewordene, wütende Marmorlöwen, und wir Teenager waren gepackt. Der Sänger und Rhythmusgitarrist schob das Kinn vor; der heiße Wind, der wir waren, blies ihm von vorn ins Gesicht und ließ seine Mähne in goldenen Wellen fliegen. Es war der Moment, auf den sich alle, die da in bedruckten schwarzen Hemdchen, blauen Hosen und schmutzigen Schuhen (man hatte gerade gelernt, daß man Adidas-Sneakers auch als Stiefel tragen konnte) herumstanden, wochenlang innerlich vorbereitet hatten, der Moment, dessentwegen wir wie Heuschrecken über diese Wiese gekommen waren und uns der Sonnenglut eines langen Festivaltages ausgesetzt hatten. So etwas war nicht erblickt worden, seit man in Rom die Christen den Finanzbeamten zum Fraß vorgeworfen hatte. Wir waren ganz Masse, das berühmte, ebenso pararevolutionäre wie protofaschistische Meer siedender Körpersäfte. Heavy Metal war nicht allein die beste Musik des Kosmos, sondern eine Einladung zur Tätlichkeit, ein soziales Nervengift, eine Wolke aus atembarer Wut.

Manche Monade aus dieser Masse erlebte die Expreßzug-Entgleisung da oben gar nicht erst mit, weil sie vorher ausfiel, wie jener mit Slayer-T-Shirt und Make-up (alles außer Lippenstift) angetane Muskelberg, den drei Polizisten zur mäßigen Belustigung der Umstehenden kurz vor dem Auftritt der Marmorlöwen von einem Strommast hatten runterwinken müssen, den er in der Absicht erklommen hatte, aller Welt sein Evangelium auszuposaunen: »SLAY-ER! SLAY-ER!« Diese Band mochte er wirklich sehr, das ließ sich merken. Schade für ihn, daß sie auf diesem Konzert gar nicht auftreten sollte. Er hatte das wohl vergessen oder nie gewußt.

Jetzt, da *unsere* Band (nicht Slayer, aber derb genug) onstage brannte und die Klirrfaktorfunken stoben, war alles perfekt und so laut, daß die Jüngeren (z. B. ich) wirklich Angst bekamen, und das, diese Angst und Unberechenbarkeit, haben wir genossen wie vorher nichts. Dann brüllte die »singende« Erscheinung mit dem freien Oberkörper, daß wir geboren seien, um dem Pharao zu dienen.

Ein toller Nachmittag. 17 Jahre ist das her.

Das Pharaolied habe ich eben wiedergehört (»Ride The Lightning«, Seite B, 3. Stück, die Gruppe heißt Metallica), und es klingt viel harmloser als die Sachen, über die ich Dir gleich schreiben werde, unschuldiger und erstaunlich *alt*. Das hätte ich nicht gedacht.

Nachdem ich aus der kleinen Stadt fortgezogen war, habe ich eine Weile die Finger von Heavy Metal gelassen, nicht sehr lange zwar, aber was danach kam, war alles andere als systematisch oder überlegt, nichts von der reflektierten Art der

Beschäftigung mit diesen Sachen, die an den endlosen Gesprächen mit Paul über Musik so lebensumwälzend, lebenserhaltend gewesen war. Viele Platten kaufen, oft auf Konzerte gehen, ständig mit Leuten Umgang pflegen, die auch nichts anderes hören: das war kein Ersatz für die Hingabe, die wirklich geglaubt hatte, alle andere Popmusik wäre blöd, sogar Punkrock (Verlierermist!).

Erst mit dem Eintritt in die Redaktion der Pop-Zeitschrift 1998 setzte die Begriffsarbeit am ganz Lauten, der Rockspielart mit den solidesten Rhythmen und der simpelsten Besetzung – Gitarre, Baß, Schlagzeug, Geschrei und höchstens mal ein bißchen Keyboard, aber nichts von den Neuerungen seit 1990 – wieder ein. Genau zur richtigen Zeit, wie sich herausstellte.

Die Heavy-Metal-Klasse von 1998 war schwarz, selbst wo sie nicht das spielte, was als treffend benannte Unterart »Black Metal« heißt. Aus der Schwärze lösten sich Partikel, die mich an dieser Musik begrifflich Anteil nehmen ließen wie seit der Zeit mit Paul nicht mehr. Wieso?

Versetz Dich kurz, mit meiner Hilfe, zurück in unser Teenage-Jahrzehnt, in die Blütezeit der Heavy-Metal-Subgenres Thrash- und Speed-Metal: Die Bands dieser Richtungen, Metallica und Co., waren gut, weil sie das musikalische Material im selben Ausmaß entschlackten, in dem sie es tiefer legten, schwerer machten. Das Zeug war nicht nur schneller, sondern auch schlanker als der Bombast, den sich so mancher bis dahin unter Metal und Hard Rock vorgestellt hatte; Effekte waren kontrollierter, Übergänge staubfrei, es gab keine Orgeln oder Chöre mehr, kaum textliche Epik.

Ausgerechnet solche Elemente aber waren es, die dann in

unterschiedlicher Verteilung und Gewichtung bei Gruppen wie Dimmu Borgir oder Cradle Of Filth in meinem ersten neuen Metaljahr '98 (mit ein, zwei Jahren Vorlauf) eine luftdichte Welt geschaffen hatten, in der unter Mithilfe von schrillem Frauengeschrei, moll-orchestralem Gewaber, langen Intros, plötzlichem Hochgeschwindigkeitstaumel und so weiter eine neue, noch nirgends vorher gehörte Geräuschwelt ausreifte.

Da wurde auf einmal weniger in schlanken schnellen Stücken als in ausgreifenden Sätzen musiziert, wie auf Opas Klassikplatten: Man füllte die Sonatenform. Dann wieder waren es Sätze im Sinne einer Syntax, deren Satzbauteile die wechselseitigen Abhängigkeiten der Stücke voneinander erkennen halfen: Verweise webten ein Leichentuch, das sich über den Gesamtmetal der Gegenwart breitete, etwa auf der überragenden Platte »The Sound Of Perseverance« von Death. Das war zwar auch kein Black Metal, und schon gar kein Schwulst. Gitarren, Baß, Drums, Röcheln, Gaspedal, mehr setzte man nicht ein. Mittendrin aber schwammen konservatoriumsreife Jazzrock-Inselchen, umgeben von neu erfundener, wesenhaft ganz altmodischer Aufgeblasenheit technisch versiertester Spitzeninstrumentalisten.

Kein Stück auf der Platte klang gerafft, alle ließen sich trotz der rasenden Passagen insgesamt erstaunlich viel Zeit. Die Dringlichkeit, mit der aggressive Musik sonst daherkommt, schien zu feiner Folie ausgewalzt, die meisten Nummern waren sogar richtiggehend weitschweifig.

Das wirkte altklug, jungvergreist, mürrisch: Ein auf innovative Art altbackener Sound.

Derselbe dröhnte auch auf der wegen letztlich eine Spur zu trockener Drums im Rückblick eigentlich gar nicht SO großartigen, damals aktuellen Platte der englischen Black-Metal-Band Cradle Of Filth »Cruelty And The Beast« (Fierce), vor allem aber auf der wunderbar schmalzigen Dimmu-Borgir-Mini-LP »Godless Savage Garden« (Nuclear Blast), deren »live«-Stücke »Stormblast«, »Master Of Disharmony« und »In Death's Embrace« jungen Metalfreunden und -freundinnen '98 wohl dieselben Gänsehauterlebnisse bescherten, die Paul und ich noch von der B-Seite der ersten Metallica-Single »Jump In The Fire« kannten.

Alles, was seit den bewußt unprätentiösen, reduzierten, trockenen Spielarten von Heavy Metal, die uns ab 1983 fasziniert hatten, als überwunden gegolten hatte, war 1998 wieder da. Auch inhaltlich, in den Texten, nämlich vor allem: der TEUFEL.

Falls Ende der Neunziger noch jemand darauf bestand, daß seit den von uns so geliebten Achtziger-Genres Speed und Thrash, spätestens aber seit den Predigten der frühen Death-Metal-Band Napalm Death und den Autopsieberichten ihrer Kollegen von Carcass Ende der Achtziger das alte Thema »Satan« als Textspender für Heavy Metal verdampft war, predigte ich nun mit aller Kraft dagegen an, und sogar mit ein paar Argumenten:

1.) Selbst »Spin«, die jederzeit auf Vermeidung von überwundenen Peinlichkeiten spitzende Studenten-Musikzeitschrift aus den USA, redete von einer Black-Metal-Renaissance und vermutete dahinter sogar genug Zugkraft, die alte Mutter Heavy Metal als solche vom Siechenlager zu erwekken.

2.) Die interessantesten deutschsprachigen Zeitschriften jener Tage im Grenzbereich zwischen richtigen Kioskmagazinen und Fanblättchen hießen »Ablaze« und »Deftone«, erschienen zweimonatlich, waren durchgängig schwarzweiß und handelten von nichts anderem als finstermetallischen Platten, Gesichtern und Ideen.

3.) Überall rankte sich die satanistische Schlingpflanze »Gothic«, das Bild und Lebensgefühl der ewig Schwarzgekleideten, um soziale und ästhetische Gemäuer, die man überm Underground[1] hochgezogen hatte. Die Zahl der schwarzen Heftchen, Hefte und Oberhefte, die am Kiosk herumlagen, wuchs stündlich. Und Black Metal besaß für diese Szene als einzige Spielart von Hard Rock einen beachtlichen Crossoverappeal.

Bald war ein Buch zum neuen Phänomen erschienen, »Lords of Chaos« von Didrik Soderlind und Michael Moynihan. Es gab mir recht. Also fragten mich bald Leute: Was sind denn das für unangenehme Künstler, was vertreten die denn für scheußliche Botschaften? Genau dasselbe also, was über zehn Jahre zuvor Du bereits hattest wissen wollen.

Ich gab keine Antwort, mich plagte eine andere Frage: Wo, aus welchen Abgründen, waren die drastischen Musikanten plötzlich zurückgekehrt in mein Leben? Die Frage hätte ich falscher nicht stellen können.

Sie implizierte nämlich, daß es im Metalherzen, also in dem, was Heavy Metal ästhetisch-programmatisch und abstrakt eigentlich sagen will – im Gegensatz zur musikalischen Konkretion –, so etwas wie Zeitgemäßheit, Abdankung, Wiederkehr, Entwicklung überhaupt geben könnte, wo doch jeder weiß: Heavy Metal hat keine Entwicklung, Heavy Metal wird man nicht, Heavy Metal mag man nicht, sondern Heavy

Metal ist eine Art, die Welt zu sehen, wie Glaube oder krankhafte Eifersucht.

Keine Musikrichtung für weiße Jungs von weißen Jungs stellt rigidere Ansprüche an Sinn und Form, weiß mehr über Betragen und Versagen, keine straft die abgeklärte Liberalität bitterer Lügen, die sagt: Lebensstile sind was Ephemeres. Bei der Rigidität, die Heavy Metal will, ist das Besondere, die Konkretion, weniger bindend als das Allgemeine, d. h., du mußt nicht zwingend lange Haare haben, um dazuzugehören, aber ein Heart of Steel. Das ist ewig.

Kein Wunder, daß, wie oben schon angedeutet, einige der Künstler, die im Metaljahr 1998 auffällig wurden, in Wirklichkeit keineswegs, wie ich meinte, urplötzlich irgendwo hergekommen, sondern schon ein paar emsige Jährchen dabeigewesen waren, nur eine Weile unterhalb meines Radars. Chuck Schuldiner von der schon gelobten Band Death zum Beispiel, oder der mitten während der akuten Hochkonjunktur für teuflische Fratzen aus der Versenkung emporjaulende Urahn aller skandinavischen Hampelmänner mit bemalten Gesichtern, King Diamond, dessen damals neueste Platte »Voodoo« (Massacre Recs) wieder mal ein ausgreifend-gigantisches Konzeptalbum war, wie eh und je.

Bemerkenswerter als die späten Lorbeeren für solche Durchhaltegrößen war indes, daß die Nornenfäden, die sie mit ihrer Vorgeschichte verbanden, erheblich greller eingefärbt waren als früher: Metal war, ohne sich das Geringste von seinen Wesensbestimmungen abschnöden zu lassen, selbstreflexiver, rekursiver geworden, als Paul und ich je hätten ahnen können, die wir das verbohrt Zeitlose an dieser Musik immer für den wesentlichen, durch Verschärfungen in Text und Musik höchstens deutlicher akzentuierbaren Aspekt hielten. Die

Rückversicherungsfülle der neuen Grollmusik kurz vor der Jahrtausendwende machte Leute wie mich stutzen, die mit Metal noch so etwas wie ein Erlebnis auf der Haut (Sonnenbrand) verbanden.

Metal und Sekundaristisches, Metal und Selbsterkennntis? Geht das zusammen?

Es mochte ja noch passen, daß King Diamond 1998 eine fast buchstabengetreue Reproduktion der alten Soundarchitekturen seiner alten Band Mercyful Fate bot und Death eine Judas-Priest-Coverversion (»Painkiller«) spielten, die keine Spur Bearbeitungsfuror verriet, sondern eine kunstgerechte Feier des Originals darstellte. Auch Dimmu Borgirs ebenso werkgetreue Interpretation von Accepts »Metal Heart« auf der erwähnten Mini-LP hätte noch auf »Zeitlosigkeit« geschoben werden können.

Aber was zum Henker bedeutete es dann, daß der Cradle-Of-Filth-Sänger Dani ein Make-up trug, das dem der Slayer-Mitglieder während deren geschminkter, früher Zeit (auf dem Backcover von »Show No Mercy« von 1983 sind sie noch prächtig angemalt) wie aus den Fratzen geschnitten ist?

Wieso wurde der neue Black-Metal-Aufbruch ergänzt von einer Bewegung, die sich »True Metal« nannte und beispielsweise in Gestalt von Hammerfall und deren Platte »Legacy Of Kings« (Nuclear Blast) eine episch-melodische, dabei geschwind voranpreschende Form des Zitatmetal geschaffen hatte?

Es bedeutete genau das, worauf es mich stieß und was ich Dir in den fünf Briefen auseinanderzusetzen versucht habe, die diesem voraufgehen: daß das Drastische dieser Musik eben ein Geplantes, ein Präzises ist, daß selbst die authentischste, die höchsten Anforderungen an ebenso authentisches

Verhalten der Adepten stellende Lebensstil-Popmusik abendländisch-privilegierter männlicher Jugendlicher die Parameter des klassischen, mit Aufklärung und Bürgertum erst möglich gewordenen Erziehungsromans respektieren muß.

Der Lärm ist nicht einfach tobend, er tobt vernünftig, absichtlich, beschreibbar.

Man kann Musik, die man von bloß gefälligem Geklimper abheben will, »denotativ« nennen, d. h.: festlegenderweise bedeutungschaffend. Die größtmögliche Steigerung davon ist die sogenannte Programm-Musik, wo Instrumenten (von Orff-Hölzchen bis zu Computern) und deren Hervorbringungen »Bilder« und »Geschehnisse« zugewiesen sind (»Peter und der Wolf«). Wie man aus vielen Texten des klugen deutschen Musikjournalisten Mark Sikora, die Paul und ich uns damals ausgeschnitten haben, wissen kann, hat Heavy Metal schon vor der 98er-Zitathausse stets den Anspruch erhoben, so etwas wie besonders kraftvolle Programm-Musik zu sein: Achtung, jetzt hören Sie Drachen von rechts, und dieser Baßlauf ist das blubbernde Moor, dann steigt von der Snare-Drum langsam Nebel auf etc.

Aber das war nicht das letzte Wort.

Es gelang – das war der Augenblick, in dem ich etwas merken durfte – schließlich, das Moment der Eigenvergeschichtlichung mit hineinzunehmen, das, was über die Musik als solche weit hinaus auf Namen, Bilder etc. wirkte – daher auch der Satan. Mit ihm im Wappen sagen Bands nämlich: Wenn man uns immer vorwirft, diese Musik sei böse und destruktiv, dann bewahren wir ihre Geschichte eben in immer dezidierter »teuflischen« (oder, siehe Hammerfall: »treuen«), auf die Geschichte der Bosheit verweisenden Formen auf.

Umzingelt von genau semantisch festgelegten Zitaten wird

gewütet: »Encircled by glyphs midst her sin-sistered cult«, kreischt Dani Filth auf »Cruelty And The Beast«; feuchter Gesang, eingenäht in Krokoledertaschen: »Whispering voices, summoning screams«, wie Shagrath, Stimme von Dimmu Borgir, auf deren majestätischem 1997er-Release »Enthrone Darkness Triumphant« unter besonderer Unterschreiung des Wortes »Screams« versprochen hatte.

Mich hat diese Erkenntnis ganz fuchsig gemacht, ich wollte das sofort in tausend Texte und noch mehr blattmacherische Ideen umsetzen: Endlich ein Antidot wider die überall zu beobachtende Erstarrung beim Reden über Musik, über Popkultur insgesamt, über Ästhetik und Politik auch!

Erstarrung nämlich drohte auf meinem damaligen speziellen Arbeitsfeld überall, wo unter den theoretisch flankierten Errungenschaften der Popbegeisterung junger linker Intellektueller diejenigen, die den bei der pop-theoretischen Avantgarde seit 1982 hoch im Kurs stehenden sogenannten *Antirockismus* umlagerten, also die Kritik an »Echtheit« und sonstigen Formen von schlechter Unmittelbarkeit im Rock, auf einmal in großer Zahl verlorengingen.

Daß das geschah, als ich anfing, bei der Popkultur zu arbeiten, war einer von diesen Zufällen, die einem erlauben, private Wendepunkte mit großen Weltgeistwetterumschwüngen zusammenzudenken; das fühlt sich dann immer sehr kommod und erhebend an. Es hatte aber sehr simple Gründe, korrespondierte nämlich einfach ideologisch der fortschreitenden und quasi-naturwüchsigen materiellen Verbesserung technischer Möglichkeiten, Zitate nahtlos in Pastiches einzufügen – ohne daß da unbedingt ein ursächlicher Zusammenhang benannt werden könnte (der wäre eher im Sozialen dingfest zu machen: bei den runterziehenden Bleigewichten der

Vergleichgültigung, die sich in Perioden der Angst mit den Gründen für diese Angst stets die Waage halten: damals begann, was man dann ab 2001 Krise nannte und wogegen »Reformen« helfen sollten, also planmäßige Verelendung).

Mit der täglich um Zehnerpotenzen anwachsenden Quanti- und Qualität konzeptueller Investitionen in Electronica aller Art war eine prekäre Weggabelung entstanden:

Von Rockmusik hatte man sich ab- und den elektronischen Musiken zugewandt, weil der rockmusikalische Echtheitskult, den die klügsten Popdenker »Rockismus« nannten, tyrannisch die »starken«, die einschüchternden Künstler und ihre schweißtreibende Arbeit verherrlicht hatte und man dagegen Künstlichkeit setzen wollte, in antiautoritärer Absicht also. Aber der eine der beiden Wege auf der neuen Weggabelung führte in ein neunmalkluges Schlaubergertum des Bastelns, das gegen das alte Gitarrengefummle und den bekannten brüllenden Schwitzrocker nur den brillentragenden Tüftler aufbieten konnte, der nun als neue, nicht weniger einschüchternde Autorität aufgerichtet wurde. Und der andere Weg, der die Bastelei und Hirnakrobatik nicht mitmachen wollte, landete bei lauter »Körperkicks« und sonstigen, fraglos zu schluckenden Vorgängigkeiten der Party-Direktheit. Gegen beide Irrlehren im Bann der Elektronik wollte ich schriftlich, unter Rekurs auf ausgerechnet Aufklärung, Vernunft und Klarheit, anhand der neuen Böse-Bands das Maul aufreißen.

Es war vielleicht die glorreichste Schnapsidee meiner Laufbahn: Die Ausgabe der betreffenden Zeitschrift – Titelslogan: »Mürrische Musik« –, die ich als leitender Redakteur mitgestalten durfte, in der Ende 1998 schließlich, frisch gedacht, rasch aufgeschrieben und zum Heftkonzept des Monats erklärt, all das stand, was ich Dir jetzt noch einmal erzählt habe, war die mit den schlechtesten Verkaufszahlen in ihrer Geschichte.

Natürlich trägt zu solchen Abstürzen immer auch das bei, was unmittelbar vorher war. Man kauft ja ein Blatt nicht deshalb nicht, weil es einem diesmal nicht paßt, sondern weil es einem das letzte Mal nicht gefallen hat. Daß die Welt offensichtlich noch nicht bereit war, Gedanken anzunehmen, deren Zeit, wie ich in meinen müden Knochen zu spüren glaubte, unbedingt gekommen war, entmutigte mich also keineswegs. Es hat mir eher geschmeichelt und die Diagnose bestätigt, daß gegen die vorherrschenden Denkfehler bei der Drastikbetrachtung halt nur schwer anzukommen ist, weil in ihnen eine Konstellation verewigt ist, deren Macht weit über das bißchen Popmusikdebatte hinausreicht, das wir mit unserem Heft anzetteln konnten.

Niemand hat's gemerkt, richtig war's trotzdem.

Der antimoderne Trotz, mit dem bei meinen neuen Lieblingsgruppen unter Bezugnahme auf Satan, Mittelalter oder die alten Germanen quasimythische Identitätspolitik gemacht wurde, sorgte dafür, daß nicht nur Völkisches, sondern auch die mindestens genauso fiesen Sexismen traditioneller Metalbands überboten wurden. Dimmu Borgir, laut einem T-Shirt-Aufdruck »Cunt Hunters of the Night«, mußten sich, ihrem drastischen Ethos gemäß, auch da wieder mit Bildern besonders hervortun, die sie beim Auffressen von Frauen zeigten.

Und das gefiel mir?

Nein. Das war das Allerletzte.

Nur konnte und kann man sich die Arschlöcher, die einem Beachtenswertes zufunken, nicht immer aussuchen.

Metaller, die von Abgrenzung durch Garstigkeit und Vergangenheit reden, zeigen mit der musikalischen Praxis, von der ich Dir hier einiges geschrieben habe, daß es zur Vergangenheit eine Alternative gibt, die nicht »Future« heißt, sondern Geschichte. Vergangenheit und Geschichte sind nämlich nicht dasselbe.

Erstere wird als »über uns gekommen« verkauft und ist ein immer wieder gern von rechts ausgerufenes Prinzip. Geschichte dagegen, sooft man auch mit ihr Staat gemacht hat, enthält die permanente Möglichkeit der Selbstdurchkreuzung von Mythen, weswegen sie früher unverzichtbarer Bestandteil linken Selbstverständnisses war (»Vorwärts und nicht vergessen!«). Das historistische Kampfmittel Zitat aber, das lehrten die Jahre ab 1992, war nicht links oder sonstwie fortschrittlich gebunden, man konnte es an den verkrampftesten Stellen finden, z. B. im neuen Metal. Das aber rief auch in Erinnerung, daß noch Platz war im Archiv, für kühne Pläne.

Daß diese Musik damit etwas aussprach, wogegen sich die Texte und Bilder zugleich »auflehnten«, war das Hoffnungspendende daran, das, was die Kraft dieser Musik, die von Komplexität nicht gebremst, sondern gerade mit hervorgebracht wird, cool machte. Daß so ein Gedanke ohne viel Aufwand verkürzt und zu allem möglichen, etwa zur Rechtfertigung von Dimmu Borgirs frauenfeindlicher Rotzdummheit, umgebogen werden kann, war ein Risiko, das ich eingehen wollte: Viel Schwierigkeiten, viel Ehr'. So fing an, was schließlich zu diesen Briefen werden mußte: Geschichte erklären, eine Ästhetik der Drastik schreiben, aus der genauen, wahren Erinnerung an die Musik von früher heraus.

Ein sehr schwieriger Weg zurück zu Dir – wo bin ich?

D.

Brief über uns

Damals, liebe Sonja,

habe ich Dich überhaupt nicht verstanden. Du warst das erste richtige soziale Problem. Alles andere vorher, worüber man sich ambulante oder stationäre Gedanken machen mußte, war immer nur die Katastrophe *du jour*: lauter Unplanbarkeiten, auf die man mehr oder weniger elastisch, pragmatisch oder stimmig reagieren konnte: Mein abgehackter Familienstumpf blutete halt manchmal, irgend jemand wurde wieder irgendwo eingeliefert, ich mußte bei irgendwelchen Freunden unterkommen et cetera.

So war das, wenn man Verrückte als Eltern hatte.

Du dagegen: Das war ganz schwierig, und vielleicht hat mich Paul deswegen immer so penetrant vor Dir gewarnt – ich hoffe, Du grüßt ihn noch, den Jungen von der andern Straßenseite, wenn ich Dir verrate, mit genau welchen Worten er mich gewarnt hat: »Die tut so brav, aber laß dich nicht verarschen, die ist *wirklich* so brav. An solchen sind schon bessere Jungs verrückt geworden als du.«

Ihr zwei wart so brillant, auf Eure jeweilige Weise – der hochfahrende Paul, die unauffällige Sonja. Und habt Euer jeweiliges Programm dann ja auch erbarmungslos gegen Euch und andere durchgezogen: Er, der geistreichste Kopf, der je aus dieser kleinen Stadt hatte fliehen können, hat anderswo sein Studium glänzend angefangen und dann brennend abgebrochen, Trudeln, Sinkflug, Absturz, obwohl er nach dem, was man so in Erfahrung bringen kann, alle, die ihn dort haben erleben dürfen, auf dieselbe alte immerneue Art ständig in Erstaunen versetzt hat mit seiner irrsinnigen, fiebrigen, hektischen und heiklen Genialität. Und Du – ja, Du hast oder kriegst jetzt eine Professur, stimmt das?

Johanna hat es mir gesagt, beim letzten Besuch im Städtchen.

Paul hat drei Jahre lang in einem verfallenen Haus gewohnt, das er selbst ausgebessert und umgebaut hat, bis es ihm zu langweilig wurde, ganz in der Nähe vom Kaff.

Und Du: Natürlich in einer nicht ganz so großen Großstadt, schön mittelmondän, mit genügend Bibliotheken, Theatern und sonstigen Kultiviertheitsressourcen, aber nicht zu vielen Skinheads, Junkies und alten Omas, die im Winter unterm Dach erfrieren, weil Dich das beim Denken stört.

Klinge ich gemein? Das will ich nicht. Ich bewundere Dich nämlich, das ist klar.

Selber war und wurde ich, Sohn der Verrückten, nämlich weder Fisch noch Fleisch, gehöre weder nützlich zum großen Ganzen (das bist Du), noch verweigere ich mich mit Beharrlichkeit und folge einem (vielleicht wirren, aber in sich runden) System (das ist Paul). Ich laufe statt dessen einfach eine Weile nebenher und werfe mal was ein, hin und wieder; dafür gibt es dann Zeitungen und Bücher. Es ist eigentlich zum Heulen.

Ich habe in meinem ganzen Leben weder jemals einen einzigen Gedanken gehabt, der so einleuchtend und originell gewesen wäre wie Pauls Art, eine Bierflasche aufzumachen, noch bin ich irgend etwas je so methodisch angegangen wie Du das Putzen Deiner Brille. Machst Du das immer noch so: absetzen, hinlegen, Tuch rausfummeln, am einen Bügel nehmen und das eine Glas wischen, hinlegen, am anderen Bügel nehmen und das andere Glas wischen, hinlegen, Tuch falten, wegtun, Brille an beiden Bügeln nehmen und wieder aufsetzen?

Jetzt wohnt Paul bei Bauern auf dem Hügel. Der Bauernpatriarch kennt einen Stammsäufer aus der Kneipe von Pauls Mutter, so ist er da hingeraten. Paul lebt in einer Dachwohnung, eher einem Zimmer, ich habe es nicht gesehen, er hat es mir nur beschrieben, sehr spitzwegisch, tieckisch.

Seine Art, von seiner genau abgezirkelten Welt zu erzählen, ist ganz dieselbe wie damals. Er liebt den Einschub »weißt du« bei Sachen, die ich gar nicht wissen kann: »Der Mann, weißt du, hat drei Kinder, eins ist ein zwanzigjähriger Stumpen von fetter Wurst mit Flaschenbodenbrillengläsern, der den ganzen Tag auf dem Traktor rumfährt und Arbeit vorschützt, eins ist ein Mädchen auf der Realschule – in Steinen, weißt du –, kurz vor dem Abschluß, und das jüngste Kind, etwa siebzehn, ist ein unglaublich schönes Mädchen, das auf gar keine Schule geht, weil es schwachsinnig ist. Das kennt nur sein Zuhause, sitzt im Hof und kaut auf seinen schönen schwarzen glatten langen Haaren rum. Bringt mir die Milch, weißt du, manchmal. Erzählt dann, was es gesehen hat: Und e Has und e Katz, e graui Katz hanni gsäh. Es schnürt einem den Hals zusammen, so schön ist diese Schwachsinnige, und diese Leute hier, die haben das wunderbar hingekriegt für sich: Die nehmen sie gar nicht mehr wahr, ihre Nicole. E Has und e Katz, enormes Wunder.«

Wie immer man Pauls Weg von außen beurteilen mag, ich würde niemals sagen, dieser Mann ist gescheitert.

Kann man sich das vorstellen, über Paul zu sagen: Jetzt ist er am Ende? Der Motivator: Von irgendwas *abgebracht* hat er mich nie, sooft er es versucht hat (besonders, *weißt Du*, in Sachen Sonja), aber wie alle andern ließ ich mich jederzeit sofort von ihm überreden, irgendwas *anzufangen*, zu attackieren, irgendwo loszulegen, zu produzieren.

Erinnerst Du Dich, wie sich nie jemand durchringen konnte, Alkohol zu bestellen, bevor er die Kneipe betreten hat? Sechzehnjährige wurden achtzehn, wo dieser Sechzehnjährige auftrat, und daß er es war, der mich in die ganzen politischen Geschichten reingeschubst hat, daran erinnert sich außer mir zwar wahrscheinlich niemand mehr, auch er nicht, aber genau so war es.

Paul hat einem immer das Gefühl gegeben, man müßte sich seine Freundschaft verdienen und erhalten, indem man nur ja nichts glaubt, was einem vorgesetzt wird, sich nur ja nichts vormacht, nichts jemals blind schluckt. Die Erzählung seiner Lebensumstände jetzt, die Sache mit der Schwachsinnigen: Nicht viele Leute würden das zugeben, daß sie so schön, na warum nicht noch direkter: so attraktiv ist.

Er hat immer alles ausgesprochen, ohne dabei krude oder gewollt kraß rüberzukommen – höflich war er ja auch noch. Nicht mal – anders als die meisten harten Jungs von der Politfraktion – »Tussen« statt »Mädchen« hätte er je gesagt. Um Kraftausdrücke ging und geht es nämlich nicht, bei Pauls Direktheit, nur darum, möglichst schnell und ohne Geschwätz in Umlauf zu bringen, was ihm aufgefallen war und ist, damit es weitergehen konnte und kann. Deshalb hat er niemanden um sich gelitten, der sich was hat erzählen lassen, ohne sich selbst dazu mit dem eigenen Kopf, dem eigenen Einsatz zu verhalten.

Kalendersprüche, Phrasen, Parolen: Das hat er gehaßt.

Was aber waren denn die Sonntagspredigerweisheiten unserer Altvorderen, gegen die es also gehen mußte, in welcher ideologischen Atmosphäre sind wir aufgewachsen, in unseren klebrigen siebziger und achtziger Jahren? Eben nicht im Fortschrittsglauben, eben nicht im bürgerlichen »Selbstbewußtsein« (sensu Hegel): Der Mensch, hat man uns vorgekaut, ist vielmehr noch nicht reif für seine Technik und sein Wissen, zuviel Aufklärung kippt in den neuen Mythos, die Wissenschaft ist eine Ersatzreligion, bald gibt es keine Blumen mehr, wo sind sie hin ...

Vom CDU-Biolehrerinnen-Muttchen bis zum grünen Deutschlehrer waren sich alle einig. Worin?

Laß mich's zitieren, von Gary Smith, Herausgeber der Reihe »Erbschaft unserer Zeit« im Auftrag des Einstein-Forums, der sagt es bündig:

»Das [zwanzigste, D.] Jahrhundert (...) hat durch einen unvorstellbaren Verlust an Ethik Geschichte gemacht. Es war uns vorbehalten, die Techniken der Naturbeherrschung so zu entfalten, daß sie auch an der inneren Natur des Menschen keine Grenze mehr fanden und damit das Jahrhundert der Völkermorde ermöglichten. Verdun und Vietnam, Auschwitz und der Archipel Gulag waren die inhumanen Stationen jenes Fortschrittszuges, den wir lieber zu Freud und Benjamin, Picasso und Godard fahren sahen.«[1]

Die Metaphernqualität mal außen vor gelassen (es fährt ein Zug nach Auschwitz statt nach Godard, da sollte sich der Verstand schon räuspern dürfen), kam mir das und ähnliches, wie es in den siebziger und achtziger Jahren praktisch zum guten, besonders wertvollen Ton gehörte, vom katholischen Kindergottesdienst bis zur linken Zeitschrift, immer dann, wenn ich Paul so auf seinem Fortschrittsmofa zum nachmittäglichen Computerkurs an unserem lieben kleinen Brettergymnasium rattern sah, einfach wie eine Ausrede vor: Die Wissenschaft und die Technik sind also schuld, aha, nicht die Menschen, die damit Böses angestellt haben, anstatt sich zum freien Verein freier Produzenten zu organisieren. Das könnte dem Papst so passen.

Paul hat unsere damalige Skepsis gegen verheulte Selbstkasteiung, reaktionäre Zerknirschung, para-theologisches »Bestie-Mensch«-Geraune nie aufgegeben, und auch nicht die bewegliche, unstete Lebensweise, die zu einem Verstand paßt, der sich einfach kein schlechtes Gewissen machen läßt. Lustiger- und melancholischerweise lebt er also letztlich aus Vernunftgründen ein sehr viel weniger gesichertes, sehr viel bedrohteres und knapper gehaltenes Leben als die Prediger des Verzichts und die Beschwörer des Weltuntergangs, die er damals ausgelacht hat und deren Nachfahren ich bei der Kulturarbeit während der letzten vierzehn Jährchen ordentlich fürchten gelernt habe.

Mal wohnt er bei seinen Eltern, mal ist er unterwegs, mal sitzt er bei seinem Bauern da oben und läßt sich von der Schwachsinnigen Milch bringen. Der junge Alte vom Berge: Mein weltbester Freund.

Zwischendurch verdient er sich dann wieder viel Geld an Computern, in Karlsruhe, dort wohnt er ein bis anderthalb Wochen im Hotel, so teuer sind seine Dienste, aber »denen« ist es das wert, wer immer »die« sind, er sagt's mir nicht.

So habe ich ihn wiedergetroffen, nach Jahren, vor vier Monaten: im Zug von Karlsruhe in den Süden.

Er weiß, sagt er, nicht ganz genau, wo Du wohnst, nur die Stadt, aber er findet es raus – »Wenn es sein muß, finde ich es dir raus, weißt du, aber es muß natürlich nicht sein« – so schimpft er mit mir, und dann findet er es raus. Wir haben nicht weiter über damals geredet, nicht über die Schwimmstunde und Dilsberg und den Sprung in die Tiefe, den ich dann lieber bleibengelassen habe. Aber das schwingt alles mit – eine neue Erfahrung, über Dreißig, daß es jetzt schon so einen leichten Unterwasser-Tiefenschatten im Leben gibt, eine Vorvergangenheit, die geeignet ist, Motive für andere Motive zu erklären, Prämissen für selber schon irgendwie Grundlegendes, das man längst nicht mehr in Frage stellt.

Ich habe Dich einfach nicht durchschaut, Sonja, weil bei Dir alles so klar war.

Du konntest, auch wenn das die einfachste Lösung des Rätsels gewesen wäre, ja wohl nicht so sein, wie Dich die andern gesehen, wie Du Dich auch selbst dargestellt hast: Harmlos, brav, anstellig, strebsam, leidenschafts- und einfallslos. Dazu warst Du viel zu ... ja, was? Warm, hell? Wie sagt man da?

Eine Geschichte davon, wie es angefangen hat:

Er ist sechzehn. Der Wind weht ihm die langen Haare vors Gesicht, weil er den Kopf gesenkt hält, wie er da so sitzt, am Fahrradständer-Rondell aus grauem Blockbeton. Die Sonne scheint mäßig zwischen wäßrigen Wolken. Er sieht hinauf, dann wieder runter, mag den kalten Herbst ganz gern und macht sich emotionale Schwierigkeiten schön dramatisch zurecht. Die sind von der Art, die man bei Pubertierenden erwarten darf: Es geht um ein Mädchen, das Candela heißt, um das Gefühl, nicht wirklich akzeptiert zu sein von den Gleichaltrigen, und darum, daß man ganz anders ist als alle und die das sicher wissen und ablehnen.

Vor der Pubertät hat er sich gern den Kopf über Sachen zerbrochen, von denen er sicher war, daß sie außer ihm niemanden interessierten. Darüber zum Beispiel, was es für scheußliche Wörter gibt – »Versetzungsgefährdet«, »Drogenmißbrauch«, »Erfrischungsstäbchen« (so hießen diese kleinen Fruchtgelatinedinger in Schokolade, die man heute kaum noch sieht, so ausgestorben wie Kekse, aber der Karton »Erfrischungsstäbchen« kam ihm bei den Großeltern immer sehr bedrohlich vor, das Wort noch ekliger als das davon bezeichnete Ding).

Gerne hätte er auch mal gewußt, warum irgend jemand freiwillig Neuroleptika nimmt, warum Ärzte sie verschreiben, wenn man davon doch so unnütz komisch draufkommt wie seine Mutter – ich dachte wirklich: die Medikamente sind schuld, das blöde Neurocil zum Beispiel, das machte nämlich müde, träge und wurschtig.

Erst später, als ich mitkriegte, wie komisch sie erst draufkam, wenn sie's mal NICHT nahm, legte ich mir das so zurecht, daß es wohl mittel- und langfristig besser war, wenn sie's nahm, wenn auch kurzfristig mies. Und die ganzen anderen Begleitmedikamente zur Deckelung der Nebenwirkungen auch noch, die Kreislaufanreger, die Cholinergica ...

Damals habe ich mit der großen Unart angefangen, die ich auch im Zivildienst in der Neuro/Psych und später beim Jobben dort nicht ablegen konnte: Mit den kleinen Medikamentendiebstählen. Meine Mutter war nicht sehr sorgfältig, und ich dachte, so mit sieben, acht, wohl irgend etwas Magisches wie: »Wenn ich das sammle, wenn ich von diesen Sachen immer was im Schrank habe, bin ich für Notfälle vorbereitet.«

Dabei spielte natürlich die geheime Frage Nummer eins im Hintergrund mit: Ich habe also lauter klinisch Verrückte und Verhaltensauffällige in meiner Familie, den cholerisch-sentimentalen Säufervater, die manisch-depressive Paranoiamutter, die fluchende Oma, den Versageronkel, die bigott-spitznasige Tante. Also heißt das wohl, daß aufgrund eines schrecklichen Sippenfluchs auch ich scheitern muß am Leben, an Sinn und Verstand.

Oder nicht? Was bedeutet es dann? Legt es fest: Ich habe so etwas im Blut oder den Genen oder im Hirnstoffwechsel, und riecht das Mädchen Candela das vielleicht, und hat es deshalb zur Freundin Michaela abschätzig und obenhin gesagt: »Ist der immer so, oder nur, wenn er verliebt ist?«

Ich habe mir eingeredet, ich hebe die Mittelchen auf für den Fall, daß meine Mutter mal »so richtig« (definiere mir das einer, ich hätte es nicht gekonnt) durchdreht und wir eine Reserve im Haus haben müssen.

In Wirklichkeit aber fürchtete ich, selber irgendwann durchzudrehen, und dann wäre wenigstens was da – Neurocil, später Haldol für den Knall selber, Effortil für den Kreislauf, Schlaftabletten für die Aufgekratztheit. Von Haltbarkeitsdatierungen wußte ich anfangs gar nichts. Später habe ich dann regelmäßig, etwa im Jahresrhythmus, mein geheimes Lager ausgeputzt und Sachen weggeschmissen.

Als ich mich frisch in Candela verguckt hatte, wollte ich sogar zum erstenmal alles komplett loswerden, weil nichts gegen Liebeskummer dabei war und ich plötzlich dachte: Was passiert, wenn man mir anmerkt, daß ich solches Zeug horte, oder wenn sie mich mal besucht und es findet, oder jemand anders findet es vielleicht und erzählt es ihr?

»Ist der immer so, oder nur, wenn er verliebt ist?«

Das einigermaßen Überraschende am Desaster – ich hatte ja noch keine Ahnung, wie das alles funktioniert, Verliebtheit, Reaktion der Erwählten, eigene Reaktion auf deren Reaktion und so weiter – war, daß mich die souverän schnippische rhetorische Frage gar nicht besonders verletzt hat.

Eher schon fand mein verstocktes Herz darin eine Gelegenheit zur Besinnung, die ich nicht ungenutzt verstreichen lassen wollte, an diesem windigen, kühlen, schönen Tag. Es ging ja bei Candela für mich, seien wir ehrlich, gar nicht um Liebe, sondern um Balance.

Das ist fast zwanzig Jahre her, es sollte mich nicht mehr beschämen, tut's aber, gern schaut man sich nicht ins Seelchen, wo es so flach ist oder war: Ich glaube, das einzige, was mir wirklich was ausgemacht hat, war, daß der schöne Plan, sich mit einem Schlag vom Rand der kleinen Gesellschaft, die wir bildeten, in die Mitte zu ... nein, stimmt auch nicht.

Schwer, das heute zu erklären. Es leuchtete, wenn ich genau hinsehe, beides zugleich auf, in dieser Situation: Die Begeisterung für Candela, dafür, was und wie sie war, und das plötzliche Verstehen der Tatsache, daß ihre Coolness nicht Essenz, nicht in ihr drin, sondern ein soziales Vektorprodukt war, weil alle Jungs sie wollten, alle artigen Mädchen sie fürchteten, alle erotisch etwas ehrgeizigeren Mädchen sie bewunderten. Hätte sie, wie sagt man da eigentlich heute?: angebissen, dann wäre ich all meiner Zweifel enthoben worden, ob ich irgendwann auch verrückt werde und enden muß wie die abstoßendsten, grausamsten, herrischsten, manischsten Figuren in meiner Familie. Bis zu dem Tag, an dem ich erkannt hatte, daß ich bitte sehr ganz intim zu Candela gehören wollte, war ich bloß seltsam; aber »seltsam« ist zweideutig – das kann »kaputt« heißen und auch »faszinierend«, »Außenseiter« ebensogut wie »Hipster«.

Candela, als eine Art religiöse Instanz, sollte darüber die Entscheidung fällen, was es denn nun bedeutete.

Das ging dann aus, wie es hat ausgehen müssen.

Im Ernst, wie sonst? Ausgerechnet sie: Die erste Frau, bei der ich bemerkt habe, daß der Mensch einen Po hat.

So, wie Candela ihren Hintern in diese unglaublichen Jeans gezwängt hat, die sie immer trug, hat sie wahrscheinlich einer ganzen Generation von Jungs im Städtchen beigebracht, wo man hingucken kann, und dann diese Meerwasseraugen, diese sibirisch scharfen, englisch bleichen Wangen, diese Schneewittchenlippen, schon ungeschminkt rot wie Räuberkirschen – was hatte ich gehofft?

Reim es Dir selber zusammen, ich spüre immer noch, wie sich das anfühlte, was ich da gehofft habe, aber sagen kann man das eigentlich nicht, weil die Wörter es auseinanderreißen, aufspalten möchten in einerseits Liebe, andererseits Ehrgeiz, wo es doch beides war. Mit ihrem knappen »Ist der immer so« (lies: so daneben) hatte sie den Zauber stilecht candelesk abgemurkst. Und das Blödeste war eben, deshalb der Rückzug aufs Mäuerchen im Hof am bewußten Nachmittag: niemand konnte mich trösten, denn alle andern, die noch nicht wußten, wie gründlich ich gerade erledigt worden war, durften es auch nicht erfahren, am wenigsten der einzige, der meinen prekären Status als einerseits kaputtes Kind aus kaputter Familie und andererseits hochinteressanter Rebell einfach dadurch ein bißchen nach der besseren Seite hin stabilisierte, daß er mich um sich duldete: Paul.

Denn der war selber hinter Candela her, allerdings so vage wie die meiste Zeit über die meisten von uns, die nie die Schwelle von der Bezauberung zum realen Antrag genommen hätten.

Pauls Ausrede dafür, daß er es nie riskiert hatte, wäre allerdings die einzig glaubwürdige gewesen: Er hatte schon genug Frauensorgen am Hals, war ja fürchterlich begehrt, außer von ihr, der einen, wahren.

Irgendwie fürchtete ich vielleicht sogar, ihn, wenn ich ihm erzählen würde, was geschehen war, vielleicht doch noch auf die Idee zu bringen, sein Glück zu versuchen, schon um die damals gerade um sich greifende Legende zu widerlegen, Candela ließe sich grundsätzlich nicht mit mehr oder weniger Gleichaltrigen und schon gar nicht mit Mitschülern, mit unsereins Gymnasiasten ein, sondern bloß mit mindestens zwei Jahre älteren Typen, die am besten auch schon ein Auto hatten.

Da saß ich also, den feigen Liebesehrgeiz in dieses Geflecht von Trieb, Abstiegsangst und spekulativer Scham eingesponnen. Und was ist dann passiert?

Alles kam anders, wurde neu: Dann nämlich bist Du aus dem Eingang am Hausmeisterkabinchen gekommen, die Bücher vor die Brust gedrückt, schnellen Schritts, von mir erst gar nicht richtig wahrgenommen, geradeaus, zielstrebig Richtung Straße – und hast Dich aus irgendeinem Grund entschieden, genau auf meiner Höhe stehenzubleiben, mich neugierig anzugucken und zu fragen: »Geht's dir gut? Hast du was?«

»Was soll ich haben?« – giftig, patzig, wie fast immer, das hat sich erst ab Mitte Zwanzig gebessert.

»Bist du wütend?« – das war clever, denn ich wußte ja, daß Du zwar brav warst, aber weder dumm noch naiv und also eine so entwaffnend simple Frage nur bedeuten konnte, daß Du mich zwingen wolltest, mit der Patzigkeit entweder aufzuhören oder Dir einen guten Grund dafür zu nennen, daß sie Dich traf.

Selbstsicher klang es auch – eine andere Art von Selbstsicherheit war das als die Kostümfrechheit von uns linksradikalen Lehrerkillern: Du hast mir ganz nebenbei, einfach mit diesem Tonfall, klargemacht, daß ich nun wirklich keinen Grund hatte, Dir fies zu kommen.

Was hätte ich dem entgegensetzen können? Ein Satz, und

Du hattest gewonnen. Da habe ich gelacht, den Kopf geschüttelt, mir die Haare aus dem Gesicht gestrichen und gesagt: »Sind wir jetzt befreundet? Willst du eine mit mir rauchen?« Ich weiß nicht mehr genau, ob ich Dir die Schachtel hingehalten habe – wer mit Paul befreundet war und mit Candelas wilden jungen Echsen rumhing, mußte natürlich rauchen; nicht unbedingt »Camel« wie Paul, aber doch wenigstens »Marlboro« wie ich, jedenfalls aber keine ekligen »Gauloises« wie die dummen Hippies, Jusos und sonstigen Verräter aus der Oberstufe.

Du bist nicht drauf eingegangen: »Ist was bei dir zu Hause, oder hat's mit der Schule zu tun?«

Da habe ich Dich also das erste Mal gesehen, wirklich wahrgenommen: Dieser Blick, mit dem Du mich betrachtet hast, wie ich auf meiner Mauer saß und cool sein wollte, das sah aus, wie man einen Wellensittich anguckt, der gerade aus dem Käfig geflattert, aber noch nicht aus der Wohnung abgehauen ist. Auf dem Fenstersims hockt er, man redet ihm gut zu, damit er nicht verlorengeht, es ist nicht ganz die Sorte sprengstoffentschärfende Umsicht, die man einem Selbstmörder auf der Brücke schuldet, ein bißchen weniger dramatisch – ich war ja auch, soweit Du sehen konntest, nicht akut selbstmordgefährdet, und besonders viel in mich investiert hattest Du eh nicht –, aber dafür seltsam zärtlich, extrem ruhig und wahnsinnig erwachsen.

Du warst sehr schön in diesem Moment: Ernste Augen von unbestimmbarer Farbe, etwas wie Gras drin und dann wieder wie blauer Fels; südländischer Teint; lange, braune, nicht glatte, aber auch nicht besonders kringelig gelockte Haare, strenger Mund, blasse Lippen, die Nase nicht groß, aber auch kein niedlicher Stups, insgesamt zierlich und recht klein für Dein Alter – mein iranischer Freund Reza und Chris der Wikinger sollten mir in den kommenden anderthalb Jahren noch sehr auf den Geist gehen mit »Zwerg Nase« und »Rumpelstilzchen« –, in weißer Hose, grünen Söckchen, Bienenstreifenjäckchen bist Du dagestanden, die Bücher vor der Brust, den Scout-Schulranzen im geraden Kreuz, und sonst, außer diesem Bild, das Du warst, gab es für mich plötzlich gar nichts mehr: Keine Schule hinter Dir, keine Birken rechts und links, keine Fahrräder um mich, keine Telefonzelle und keinen glucksenden Bach, weil ich mir Dich so konzentriert wie möglich gemerkt habe. Manchmal sagt einem etwas (es könnten Engel sein), daß das jetzt ein sehr wichtiger Moment ist, an dem sich die Wege gabeln, an dem Entscheidungen fallen, und obwohl ich eben noch nach Candela verschmachten wollte und sich das auch so schnell nicht legen, im Gegenteil im weiteren Fortgang immer wieder aufflammen würde, war klar, daß ich jetzt lächeln mußte, nicken und sagen: »Nee, laß mal, Sonja. Ist schon alles gut. Aber danke, daß du fragst. Du bist nett.«

Nicht: Das ist nett. Sondern: Du bist nett.

Ich saß in der Falle und gab es wenigstens zu.

Dann stand ich auf und ging mit Dir über dir Straße, zu Deinem Rad, und was wir da noch redeten, bis Du losgefahren bist, das weiß ich schon nicht mehr. Denn Momente mit so hoher Auflösung – Du erinnerst Dich, Augenblicke, in denen das Leben endet, anfängt oder sich verwandelt – machen ihren Kontext blaß, überschwemmen ihr Umland und überstrahlen selbst spätherbstliches Tageslicht.

Wir kommen der Sache näher. Für heute höre ich damit auf.

D.

Brief über Vernunft und Drohung

Entschuldige, Sonja,

der Exkurs über unsere erste wahre Begegnung ist ein bißchen länger geraten als geplant. An dieser Stelle bringt Dir das möglicherweise nichts, weil Du nicht wissen kannst, wie die Episode in die Folge der Argumente paßt. Die war – wenn ich kurz daran erinnern darf – gerade bis zur Assonanz zwischen ästhetischer Drastik einerseits, Vernunft und Aufklärung andererseits gelangt (Assonanz, nicht: prästabilierte Harmonie oder Kausalverknüpfung). Was ich nur angedeutet, also versprochen, aber nicht geliefert habe, ist eine Begründung für die mitgeteilte Vermutung, daß die Abneigung gegen Drastik und die Verleumdung der Aufklärung, wie sie *beide* zum guten Ton einer gewissen Sorte im Westen und Norden heute üblichen Zeitkritik gehören, mehr miteinander zu tun haben, als man auf den ersten Blick sieht. Man stelle sich vor, was einer wie Hitler, der Modernste aller Antimodernen, von Splatterfilmen gehalten hätte, und halte daneben, was er bekanntlich von der Aufklärung und den Ideen von 1789 hielt: Ist das eine notwendige Konjunktion zweier Abneigungen oder reiner Zufall?

Faschistische Ästhetik hat mit derjenigen – sagen wir: – Lucio Fulcis wenig gemein.[1] Das Ausstellen von harten Tatsachen des Verfalls, die *Sachlichkeit*, mit der Verstümmelungen, Fleischwunden etc. bei Fulci, aber auch schon bei den Expressionisten gezeigt werden, teilt der Welt das Gegenteil des glatten, gepanzerten Heroenkörperbilds mit, das die nationalsozialistische Blut- und Bodenkunst gesetzt hat. Ich habe mir den

Hitler an der betreffenden Stelle aber trotzdem verkniffen. Er beweist zuviel und zuwenig und muß ohnehin zu oft herhalten, Argumentationslücken in ästhetisch-politischen Reflexionsgängen zu verstopfen. Du könntest, fürchte ich, den Eindruck gewinnen, daß der Hinweis darauf, bestimmte künstlerische Verfahren wären von den Nazis zweifellos als »entartet« betrachtet worden, einfach der flapsigste erreichbare apologetische Ansatz ist: Wenn sich für eine Sache moralisch gar nichts mehr machen läßt, verweist man eben darauf, daß sie den Nazis nicht genehm war, und man hat sie gerettet.[2]

So billig will ich's nicht haben. Zumal es gar nicht um Apologie geht, sondern ums Begreifen – daß Drastik an sich schon was Gutes sei, wäre als Moral den Untersuchungsaufwand nicht wert. Denn dann könnte ich es auch bei der alten Leier der »transgressiven Linie« Apollinaire – Bataille – Burroughs belassen: »Stört die Menge auf«, »rührt an den Schlaf der Welt«, »ärgert Zensoren und andere Spießer«.

Zensoren, Spießer, Nazis sollen, für den Augenblick wenigstens, nicht das Problem sein.

Das Problem hier sind vielmehr diejenigen liberalen und linken Intellektuellen, deren modische Weltangst, deren großer verschämter Ekel vor jeder Berührung mit den Errungenschaften der Moderne, den sauberen wie den schmutzigen, also der Aufklärung und Vernunft wie der ästhetischen Drastik, mir zuwider waren, seit ich die ersten von ihnen wirklich kennengelernt habe.

Damals, im Städtchen, aus der Ferne und abstrakt betrachtet, waren die linken öffentlichen Intellektuellen der alten Bundesrepublik Deutschland meine und eine Weile lang auch Pauls Helden. Er hat das schneller satt bekommen als ich; sich vom Meinungsleben rasch ab-, lieber den Wissenschaften zugewandt. Aber ich erinnere mich an einen Sommer, in dem wir beim Lesen euphorisch und ganz sicher waren, daß wir dazugehören wollten, daß wir in die gedruckten Debatten einsteigen und uns dort unverzichtbar machen würden, die in den Zeitschriften stattfanden, die ich ab dem vierzehnten, und den Tageszeitungen, die ich ab dem sechzehnten Lebensjahr gelesen habe, all den großen, breiten, tiefen westdeutschen Meinungsblättern, in deren sozialer Welt ich mich ja nun seit ein paar Jahren wirklich bewege.

Was mußte ich aber in vivo lernen, über meine Idole? Bäh, sie sind einer wie die andere, diese Leute, und alle ein bißchen wie der Kunstfreund aus der Popredaktion. Fragt man sie statt nach Zombies, vor denen sie sich ekeln, nach der Vernunft, dann erzählen sie einem etwas von zwei Herren aus Frankfurt, die herausgefunden haben, daß die zum allgemeinen Gesetz gewordene Äquivalenzvernunft des modernen Tauschhandels die Wirkmacht dieser Vernunft wieder in den Mythos verkehrt und daß also die verabsolutierte utilitaristisch-instrumentelle Aufklärung notwendig in neuen Aberglauben umschlägt. Oder sie berichten von einem Denker aus Paris, der lehrt, die ganze westlich-abendländische Vernunft grenze phallogozentrisch das »andere« ihrer selbst aus, die Frauen und Nichtweißen. Oder sie wissen von einem anderen Herrn derselben Sorte, der in jeder von der Aufklärung gestifteten Institution ein Instrument von Disziplinierung, Unterdrückung und Gewalt erkennen will, ja die Inquisition dem Gefängnis und das Narrenschiff der Irrenanstalt vorzieht.

Manche reden von »Science Studies« überwiegend amerikanischer Herkunft, die zu wissen glauben, daß die gesamte Wahrheitenproduktion der Wissenschaft sozial konstruiert und deshalb kulturrelativ und paradigmenabhängig sei, also nichts wert, weil nicht halb so allgemeinverbindlich, wie sich das die Aufklärer von ihrer Vernunft versprochen haben, die ja, Du erinnerst Dich, dann auch die Gründe für ebenso allgemeinverbindliche Rechte aller Menschen liefern sollte. Die anspruchsvoll ausgefeilten Versionen dieser bemerkenswerten Logophobie sind Legion.

Sie reichen von sogenannter Dekonstruktion bis zur »Kritik an der Cartesischen Subjektphilosophie« in toto, richten sich aber, sonstige Verschiedenheiten und Steckenpferde außen vor, alle gegen das angeblich erledigte Konzept vom freien, selbständigen Menschen, vom Bürger als Träger der Vernunft, und dazu gegen diese Vernunft als seine wichtigste Weltaneignungs- und Weltneuerschaffungswaffe. Die gilt als stumpf, abgetan, wo nicht gefährlich.

Die Vulgärfassungen kommen sogar offen mittelalterlich daher. Sie werfen der Aufklärung vor, »das Spirituelle«, »die inneren Werte«, bei ganz Kühnen: »die Religion« verdrängt (oder, was dasselbe meint: ersetzt) zu haben. Den Sinn der Naturwissenschaft, sagen sie drohend, habe schon Bacon als Herrschaft gefaßt, nämlich als die des Menschen über die Welt. Sein Alliierter Descartes habe darauf hinarbeiten wollen, daß wir selbst Götter würden, das ganze Projekt solcher Leute schließlich habe »die westliche Menschheit dem geheimen Machtwillen der Naturwissenschaft wie einer neuen Religion unterworfen«, wie der linksliberale Psychoanalytiker Horst-Eberhard Richter – ich finde den Ausschnitt gerade als altes Lesezeichen in einem Buch über Horrorfilme, das ich mir für diese Epistel an Dich parat gelegt habe – aus Anlaß der Sauereien der Amerikaner im Irak und in Afghanistan im Blättchen »Freitag« vom 23. Juli 2004 schreibt.

Man kann es sich, wenn einem der Orgelton, der dem unterliegt, suspekt ist, natürlich leichtmachen: Menschen wie

Richter, dessen Weltweisheitsgehabe in Wahrheit weit eher nach Religion schmeckt als die Äußerungen Descartes', Bacons und ihrer langsam von der Bildfläche verschwindenden Nachfolger, können es eben einfach nicht verwinden, daß sie Intellektuelle sind statt Bischöfe und man vor ihnen nicht mehr ganz so andächtig in die Knie geht wie vor ihren Vorbildern im 13. Jahrhundert. Die »Hure Vernunft« abzukanzeln hat theologisch Tradition. Man könnte glauben, man sei aus dem Schneider, wenn man genau darauf verweist. Aber die fatale Schwäche dieses Deutungsansatzes ist die des Vorwurfs an den Gegner, er säge am Ast, auf dem der sitzt: Können diese Intellektuellen denn wirklich die Rückkehr von Zeiten wünschen und betreiben, in denen es ihren Beruf, ihren Stand nicht gab?

Da lohnt es sich, den roten Drastikfaden wiederaufzunehmen, denn das Motiv für die Zurückweisung der Aufklärungstradition, das diese Leute am häufigsten nennen, ist eben *kein* theologisches – die Vernunft wird nicht als etwas *Sündiges*, sondern naturalisiert als etwas *Schädliches*, etwas den destruktiven Leidenschaften wider Moral und andere edle Unbegründbarkeiten die Bahn Brechendes gesehen.

Schlecht soll das, was wir aus dem achtzehnten Jahrhundert geerbt haben, deshalb sein, weil es, hallo Drastik, historisch mit *Gewalt* tingiert und davon verschmutzt ist.

Die Gleichheit vor dem Gesetz etwa, eine klassisch bürgerliche Vernunftforderung, aus der die Freiheit und Brüderlichkeit der bekannten Trias zuallererst entspringen sollte, wird schon bei Hobbes – argumentieren ihre heutigen Gegner – mit dem Hang der Menschen begründet, einander zu übervorteilen und aufzufressen. Sie ist also schon damals ein Gewaltpostulat, das nicht etwa durch die realen Herrschafts-

und Gewaltverhältnisse in naturwüchsigen Gesellschaften wie dem Sklaven- und Feudalsystem, die man aufheben will, empirisch gerechtfertigt ist, sondern umgekehrt diese Gewalt rechtfertigen soll.

Der Einfall hat freilich Würmer. Denn genauso gut und logisch könnte man sagen: Der Arzt, der dem Herzkranken empfiehlt, ozonreiche heiße Gegenden zu meiden, nimmt die Partei der Krankheit gegen den Patienten und rechtfertigt sein Leiden, indem er ihm die Verantwortung dafür zuschiebt.

Der schale Witz an dem Argument, den Gleichheits- und Freiheitsuniversalismus der Aufklärung als gewaltgespeist zu denunzieren, wie das selbst verständige Leute[3] getan haben, liegt darin, daß es die zwar esoterischste, aber in ihrer auf den Kopf gestellten Logik zugleich typischste Musterfassung des immergleichen Einwands »Verbesserungen machen alles nur noch schlimmer« ist: Hat nicht die moderne Psychiatrie zur Einkerkerung der Kranken geführt? Hat nicht die moderne Naturwissenschaft die Atombombe, den Tierversuch, das chemische und biologische Gift geschaffen? Haben nicht die aufgeklärten Bürger die Angehörigen anderer, nicht aufgeklärter Gesellschaften unterdrückt, gequält, ausgebeutet? Führte die emanzipatorisch-bürgerliche Politik denn nicht nach Auschwitz und zum Archipel Gulag? Müssen wir uns nicht, mit Alfred Andersch, fragen, ob »Humanismus denn vor gar nichts schützt?«, beziehungsweise, mit Adorno, nicht immer im Bewußtsein behalten, »daß es geschehen konnte inmitten aller Tradition der Philosophie, der Kunst und der aufklärenden Wissenschaften«[4] – womit er übrigens keine sehr lange Tradition meinen kann, nur die bürgerliche seit dem siebzehnten beziehungsweise achtzehnten Jahrhundert. Vorher wäre es nämlich kaum jemandem eingefallen, als Aufgabe der Philosophie, der Kunst und der Wissenschaften anzumahnen, daß »es« nicht geschehen solle – dafür war die Gottesfürchtigkeit zuständig.

Wieder einmal erweist sich hier der moderne Intellektuelle, der die Aufklärung schmäht, als jemand, der tiefer von ihr geprägt ist, als er weiß und sagen kann. Denn natürlich ist der ganze Bau solcher Argumente, das sonore »Siehe, Eure Ideologie hat nichts als Leiden verursacht«, selbst einem ur-aufklärerischen Denkbild nachempfunden, nämlich der moralischen Verurteilung von Religion und Kirche: Eure Religion der Liebe hat uns Inquisition, Scheiterhaufen, Kreuzzüge beschert, laßt ab davon.

Ein anklagender Verweis auf den außerästhetischen Gegenstandsbereich ästhetischer Drastik, auf die soziale Zone, wo Menschen wirklich gequält, unterworfen und getötet werden, ist der Vernunftkritik liebstes Argument. Sie zeigt auf diese Dinge jedoch in anderer Absicht als die kulturindustrielle Drastik. Der Verweis gleicht, nächster dialektischer Umschlag, wieder eher den Höllenpredigten des Mittelalters, der Schilderung von Heulen und Zähneklappern, Dante und Bosch. Er geschieht als große Geste, nicht klinisch und nicht halb so liebevoll detailsüchtig wie beim langen Verweilen der Kamera auf den Eingeweiden des Fulci-Zombies oder wie bei Bret Easton Ellis' wiederholtem »und dann gab ich ihr noch mal Tränengas«.

Es wird hier also nicht, wie noch bei den Kirchenkritikern, das Scheußliche, Infame genau angeguckt, um zu verstehen UND zu verurteilen in einem – es wird nur damit *gedroht*: So kommt es, wenn wir auf die bürgerliche Vernunft setzen, wehe.

Die emblematischen Namen, die in solcher Propaganda

jede Anschauung ersetzen – Auschwitz, Gulag, Hiroschima –, sind in ihrer gewollten Unschärfe Komplement vage-eindeutiger Floskeln wie »Warte nur, wenn dein Vater nach Hause kommt« oder »Du wirst schon sehen, was du davon hast«. Allzu große Genauigkeit würde der Trickabsicht nur schaden – denn dann könnte man, wo man schon einmal dabei ist, den Nationalsozialismus und seine Tötungslager zu erörtern, auch einmal fragen, wann und wo eigentlich die Konstrukteure und Beaufsichtiger von Auschwitz sich je als Vollstrecker von Vernunft und Aufklärung bekannt haben, was genau an Hiroschima »universalistisch« war und ob nicht Stalins Lageraufseher den Gedanken, jedem stünde nach Maßgabe von Vernunft und Gleichheit vor dem Gesetz ein faires Verfahren zu, als westliche Dekadenz von Herzen verlacht hätten.

In der Tat ist das Heikle an jeder Übertragung der Verdammung der Religion auf die Verdammung der Aufklärung wegen der Abscheulichkeiten, die seit ihrem Aufkommen von Menschen an Menschen verübt wurden, die Tatsache, daß es einigermaßen mehrheitsfähige christliche Fraktionen waren und keineswegs massenhysterische Ketzerbewegungen, die für Hexenverfolgung und bewaffnete Morgendlandfahrten verantwortlich zeichneten, während sich umgekehrt bei jedem grausamen Massenwahntheater des zwanzigsten Jahrhunderts die explizite *Zurücknahme, Einschränkung* (Rassenheil, Klassenstandpunkt) oder sogar *Denunziation* der Aufklärung im Kreis der Verantwortlichen nachweisen läßt.

»Es« geschah eben nicht *in* der Tradition, sondern jedesmal *gegen* sie, im Namen des ganz Alten (Rasse, Blut) oder des Zukünftigen (Sozialismus), das angeblich höher stehen sollte als alle Vernunft.

Wer das ausspricht, macht sich, ich habe es erlebt, entschieden unbeliebt.

Jeder Zeilenschinder nickt dagegen weise mit dem Kopf, wenn man deklamiert, die menschliche Selbstüberhebung und das Gottspielen habe zu all dem Fürchterlichen geführt, weil ja wirklich niemand behaupten wollen würde, sein eigener Verstand hätte ausgereicht, es zu verhindern.

Hier wird die Sache gemeingefährlich: Weil wir uns klein und hilflos fühlen angesichts der Realität von Vernichtungsfabriken und Todesmaschinen, leuchtet uns der Appell, uns nicht so aufzublasen und unserem Verstand nicht allzuviel zuzutrauen, ähnlich unmittelbar ein, wie jeder Mensch, der je beschossen wurde oder sich wenigstens vorstellen kann, wie es ist, beschossen zu werden, sofort ein gutes Wort für absoluten Gesinnungspazifismus parat hat.

Angst macht bescheiden.

Und weil sie das auch soll, bin ich dazu nicht bereit: Sie ist ein schlechter Ratgeber.

Widerstehen wir also dem neureligiösen Schauder und fragen uns: Wenn das alles so ist und diese ganze seltsame gegenaufklärerische Propaganda mit ihren absichtsvoll vage gehaltenen Gewalt- und Schreckensverweisen wirklich so wenig Verdienste um die Aufhellung der gemeinten Sache hat, warum wird sie dann überhaupt von Leuten betrieben, die doch andererseits in den seltensten Fällen Grund zur Angst haben, nämlich kaum je der akuten Bedrohung von Leib und Leben ausgesetzt sind?

Was treibt sie dazu, was versprechen sie sich davon? Wieso hat die Moderne den Typus des »antiintellektuellen Intellektuellen« hervorgebracht, als den Adorno den Existenzialdenker Heidegger und seine Innerlichkeitsfreunde von der verweltlichten Gottsucherei hat stigmatisieren wollen, ohne selber einsehen zu wollen, wie sehr er, Horkheimer und andere linke und linksliberale Aufklärungskritiker antiintellektuelle Intellektuelle waren, wenn man denn unter »Intellektuelle« auch Physiker, Stadtplaner, Filmdrehbuchautoren oder positivistische Philosophen versteht und vielleicht sogar zugibt, daß sie – die Leute im Wissenschafts-, Technik- und Kulturindustriekomplex – die Mehrheit unter den Intellektuellen, die typischeren Vertreterinnen und Vertreter der Kaste, kurz: die eigentlichen Erben der Aufklärung sind?

Wenn die Sätze bei mir so lang werden, brauche ich Kontrolle, Zwangsmaßnahmen, die mich dazu anhalten, den Gedanken, der über sich hinaus gehetzt wahrheitsgierig das Gemeinte packen und verschlingen will, neu zu gliedern – transitiver, zugänglicher, fruchtbarer.

Ich habe darum heute wieder mit Paul telefoniert.

Weil er Deine Adresse immer noch nicht raushat – »Geduld, am Donnerstag treff ich Daniel, weißt du, ihren Cousin, zum Billardspielen unten im Städtchen, dann sehen wir weiter« –, habe ich ihn darum gebeten, wenigstens für mich zu tun, was er seit vielen Jahren soviel besser kann als alle, die ich je gekannt habe: mir meine eigenen Argumente aufzuhellen.

Erinnerst Du Dich?

Paul hat mir auf dem Schulhof und bei politischen Veranstaltungen zwar immer gern und lang das Wort überlassen – »mein Propagandachef«, ging sein Witz dazu –, aber auch sofort gemerkt, wenn ich mich wieder mal in ein allzu intrikates Kunstwerk aus Schlüssen, Lemmata und Nebenbelegen zu verstricken drohte. Dann lieferte er immer sofort und sehr gentlemanlike Herleitungen und Anschlüsse, wo ich nur noch beschreibende Vehemenz, Wiederholung, Einhämmern, Tirade anbieten konnte. Das hat sich nie geändert, obwohl wir uns immer wieder für längere Zeit aus den Augen verloren haben.

Deshalb mußte ich ihm unter innerem Folgerichtigkeitszwang den obigen Abschnitt und einen früheren aus einem anderen Brief an Dich vorlesen und ihn fragen, nachdem ich die Lautsprecherfunktion des Telefons und die Record-Taste meines Diktiergeräts gedrückt hatte: »Wieso, glaubst du, sehe ich das so deutlich, empfinde ich das so dringlich, daß diese Leute ein falsches Bewußtsein haben und daß das zwischen diesen Polen stattfindet – der Angst vor Drastik, der falschen Gewähltheit und moralischen Gouvernantenhaftigkeit auf der einen und dem nihilistisch-fatalistischen Gemöhre gegen die Hybris der Vernunft, gegen Abendland und Aufklärung andererseits, und kann es doch nicht sagen, wie *genau* diese beiden Dinge zusammenhängen? Wieso ist diese Konstellation, das Offensichtlichste an der Sache überhaupt, mir dann doch immer wieder so ungreifbar, daß ich sie Sonja nicht erklären kann? Paul, bitte sag mir doch: Was meine ich eigentlich?«

Er seufzt, wenn ich nicht weiterweiß, immer noch so väterlich wie früher – dabei ist er sechs Wochen jünger als ich. »Hör zu«, sagt er dann, mit dieser reizenden Ungeduld im Ton, als müßte er gleich dringend weg und die Revolution anschubsen gehen, »es ist alles ganz einfach – das Motiv, das du suchst und das eben beides erklärt, die Verleumdung der Aufklärung und die Scheu vor der kulturindustriellen Drastik, weißt du, ist die soziale Deklassierung der Intelligenz als solcher, die Tatsache, daß sie heute im Westen eben nicht die Rolle spielt, die ihr die Aufklärung zugedacht hat: Begriffsklärung, Debatte mit dem Ziel der Wahrheitsfindung unter dem Schutz der von einer bürgerlichen Verfassung garantierten Meinungsfreiheit und so weiter. Diese Leute, na ja ... weißt du, das ist ne Berufskrankheit: Sie sind alle Idealisten, sie glauben, was einer denkt, bestimmt, wie er handelt, ist dem logisch vorgeordnet, weil sie ja von dem leben, was sie denken, und es deshalb überschätzen. Und wenn einer also häßlich handelt, Auschwitz, Gulag, Hiroschima, dann hat er wohl häßlich gedacht. Sie sind enttäuscht, verstehst du, enttäuscht von der Aufklärung, denn natürlich leuchtet die ihnen erst mal ein, sie ist ja richtig – aber dann kommt es einfach nicht, das Paradies auf Erden, daher dann diese Schimpferei – bei Adorno und Horkheimer kann man es ganz genau zeigen, die dachten wirklich, es ginge nur um Überzeugungsarbeit, kamen ja aus sehr ordentlichen Verhältnissen, und so jemand erwartet, seinen Willen zu kriegen – kriegt er ihn nicht, muß es an der Sache liegen. Und also dachten die beiden, nachdem sie sich doch für die Moderne und die Aufklärung und die Linke begeistert hatten, in jungen Jahren, die Welt müsse unweigerlich so werden, es sei alles nur eine Frage der Ansteckung mit der Vernunft – und das ist dann nicht passiert, sondern das Gegenteil: Hitler. Intellektuelle, die entweder im Milieu relativer Sorgenfreiheit aufgewachsen sind wie diese zwei, oder aber auch schon das Intellektuellendasein selbst als Luxus empfinden müssen, weil sie ein ärmeres, elenderes kennen, neigen dazu, ihren Willen und ihr Wissen nicht nur zu überschätzen, sondern sogar zu vergessen, daß es etwas Stärkeres geben kann – den Gang der Geschichte, die Politik Mächtigerer, derer, die Hitler bezahlt haben zum Beispiel, und so weiter. Sie sind ganz einfach verwöhnt.«

»Verwöhnt?«

»Na, was ich dir gesagt habe: In ihrer Welt, in ihrem Beruf, sind Gedanken alles, also muß alles am Denken liegen. Das geben sie auch dann nicht auf, wenn die Wirklichkeit sie eines Schlechteren belehrt – was dann passiert, ist so, als ob sie auf eine Fußballmannschaft gesetzt hätten, die aus lauter ausgemergelten Dritte-Welt-Gestalten besteht, und als ob sie denen dann eine Strategie empfohlen hätten – eine linke, aufgeklärte in dem Fall –, und dann verlieren die Armen aber trotzdem gegen Bayern München, und da sagt sich der Intellektuelle dann nicht: Der Plan war gut, die Ideen waren richtig, wir haben uns eine gute Aufstellung, ein schönes Torkonzept überlegt, nur waren die andern stärker, sondern er sagt: An der Strategie war etwas falsch, am Konzept des Toreschießens muß dringend rumgeklügelt werden. Sie kippen aus einem ungerechtfertigten Optimismus über die Reichweite von Ideen also zu Katzenjammerzeiten gern ins andere Extrem, einen totalen Pessimismus – bei Adorno und Horkheimer kann man das ganz direkt zeigen, die waren in den frühen Vierzigern, zur Zeit der Niederschrift der ›Dialektik der Aufklärung‹, depressiverweise fest davon überzeugt, daß der Faschismus auf der ganzen Welt siegen würde, eine völlig überzogene Panik, die ihnen später dann auch ziemlich peinlich war, das habe ich ... das kannst du nachlesen, ich besorge dir den Nachweis.[5] Na und deine Franzosen ... die kommen alle aus der Salonlinken, Edelaufklärung für Bessergestellte, das war gerade in Frankreich natürlich sehr lange das prägende Umfeld, und das Vertrauen darauf, daß man mit der Psychoanalyse im eigenen Kopf, mit dem Marxismus in der Welt aufräumen und alles messianisch zum Besten wenden kann, das war denen in die Wiege gelegt, kann man sagen. Deshalb dann, weil das natürlich so voluntaristisch, so dezisionistisch überhaupt nicht klappt, auch hier wieder diese Enttäuschungssymptome und dieser Wille, das, woran man hat glauben wollen, so richtig schlechtzureden, kaputtzumachen, um wenigstens auf diesem Weg des totalen

Mutwillens noch Mut und Willen zu bewahren. Dieses Moment, die aufklärerische linke Tradition aus zum Haß gewordener Liebe zu ihr liquidieren zu wollen, findet sich am deutlichsten ausgestellt bei Foucault – der hat die beiden zu seiner aktiven Zeit virulentesten Ausläufer dieser Tradition, Marxismus und Psychoanalyse, also Emanzipation der Arbeit und der Sexualität, mit glasklaren Statements attackiert, das muß man ihm lassen: ›Nein zum König Sex‹ und ›Wie man sich vom Marxismus befreien kann‹ und solche Sachen.[6] Weißt du, da fällt mir dann ein, also ... Wenn Du das schon alles literarisch behandeln willst, schreib doch mal ein historisches Stück, Foucault im Gespräch mit Deleuze, und setz als Datum einen Zeitpunkt, bevor die beiden Mode werden, und laß den einen zum andern sagen: Mach du halt den Freud kaputt, ich übernehme den Marx.[7] Genau das haben sie nämlich getan, der Deleuze und der Foucault[8], das heißt, natürlich nicht kaputtgemacht, aber gründlich zugeschissen mit ihren obskurantistischen Anti-Theorien.«

»Schön, aber, öhm: Das erklärt nur, inwieweit ein äh ein Mißtrauen aufkommen kann gegen das Vermögen der Vernunft, die Wahrheit ...«, und er unterbricht mich grob: »Und das mit der Drastik ist einfach das ästhetische Korrelat: Was für Gegenstände sind es denn, für die man Vernunft braucht, die einen zu emanzipatorischer Politik treiben und einen also immer wieder daran erinnern, welche Ziele man mal gehabt hat und woran man gescheitert ist? Wünsche und Ängste natürlich, Sex und Gewalt, Glück und Unrecht. Splatterfilme und Pornos sprechen, verzerrt und verstümmelt, von genau den Sachen, von denen diese Leute nicht mehr sprechen können noch wollen, weil sie sich nicht mehr zutrauen, in diesen Angelegenheiten eine effektive ...«

»Okay, aber ...«

»Hör zu, Junge, ich habe wirklich andere Probleme, weißt du. Ich bin nächste Woche in Freiburg, da können wir uns gern mal zum philosophischen Duo treffen oder zum dialektischen Squash oder was du willst, Alter, aber diese Sache hier mit diesem Mädchen ...«

»Der Bauerntochter?«

»Mhhmmh«, stimmt er zu.

»Der Zurückgebliebenen? Ist da ... läuft da was, Paul, hast du ... machst du mir Blödsinn?«

Er verliert die Beherrschung: »Was denn, Blödsinn? Die sind bescheuert hier, diese Leute! Das ist, die ist ... das Mädchen ist überhaupt nicht zurückgeblieben, die hat nur ... verstehst du, die haben sie hier, ähm, hier eingeknastet und verstecken sie vor der Welt, aber ich ... ich glaube, die hat Asperger, oder sonst einen Autismus, und die nehmen ihr jede Chance weg, sich zu entwickeln ...«

»Paul?«

»Was?«

»Geht es dir um ... willst du sie vielleicht ähm ›entwikkeln‹ und hast ...«

»Ach, leck mich doch am Arsch.«

»Schon gut. Telefonieren wir morgen wieder? Ich muß noch einkaufen, bevor die Läden zumachen.«

»Ja, ja. Von mir aus.«

Ich lege auf, nach kurzem Gruß, und bin plötzlich erleichtert, daß das Gespräch zu Ende ist. Denn von seinen akuten erotischen Problemen will ich wirklich nichts hören. Habe ich jetzt etwa auch Weltangst?

Eine Pause also, wie immer, wenn es zu derb und wund wird. Fortsetzung, wie es bei der Kulturindustrie so schön heißt, folgt.

D.

Brief über Nachrichten

Als Journalist, liebe Sonja,

oder Publizist oder wie Du das Zeug nennen willst, habe ich seit Jahren immer dasselbe Problem, wenn meine, wie das immer so schön dämlich heißt, *Sachkompetenz* in drastischen Ästhetica, die von den Kollegen immerhin anerkannt wird – wer möchte sich auch sonst mit dem Kram befassen? –, auf einmal herhalten soll, nicht mehr schillernd Kulturelles, sondern hart Nachrichtliches zu erhellen.

Du kennst das Lied, wie alle informierten Menschen: Computerspiele und wüste Platten im Zimmer des Mörders gefunden, was machen wir, wollen wir sie auflisten, erläutern, analysieren, sind sie schockierend genug, damit wir noch mal nachlegen können, jetzt, da alle Welt von dem Verbrechen redet?

Ich schreibe, das wissen die, mit denen ich arbeite, ja schon ungern über Hitlerfilme[1], weil das ewige Starren auf diesen einen bösen Affen und seine individuelle Pathologie nichts zum Verständnis der Katastrophe mehr beitragen kann; warum also sollte ich lieber über einen Schüler schreiben, der an seiner Schule Menschen erschossen hat?

Diese Dinge kommen vor.

Gewalttaten sind in den Medien immer überdeterminiert: Es geht zwar um den Akt selbst, aber seine Wirkung als Propaganda gehört schon zur Nachricht, wenn man von ihm erfährt. Das gilt besonders beim faschistischen Akt, denn da liegt es in der Natur der Sache, daß Handeln auch Propagandieren ist, denn was da propagandiert wird, ist gesamtgesellschaftlicher Schrecken. Das bißchen, was man als Journalist also tun kann, um den Tätern in den Arm zu fallen, ist: wenigstens die Hälfte des Ziels unerreichbar halten. Wenn sie schon verstümmeln und töten – berühmt werden sollten sie damit nicht. Natürlich darf und soll man drüber schreiben, wie es zugegangen ist, wo sie herkommen, wie es da aussieht und so fort. Aber die Namensbalkenüberschrift, das Archivbild aus dem Führerschein, der ganze jämmerliche Ruhm, das alles ist ihnen vorzuenthalten. Du kannst Dir denken, daß diese Position mir die Arbeit erschwert, aber ich bin doch froh, sie in den beiden Fällen verteidigt zu haben, in denen sie während der letzten paar Jahre Arbeit auf die Probe gestellt wurde.

Laß mich davon erzählen: die Kontaktstelle zwischen ästhetischer Drastik und Wirklichkeit soll nicht ausschließlich der Bewachung der Nachrichtenmedien empfohlen sein. Wie gesagt: keine Namen, aber damit Du Dich leichter erinnerst, daß und wie Du von diesen beiden in Deutschland sehr breit publizierten Fällen damals natürlich auch gehört hast, nenne ich die Orte.

Der erste Fall, insgesamt obskurer und im Sinne der Boulevardzeitungen und Fernsehmagazine weniger »repräsentativ« für die Mores der Epoche als der andere, trieb die Reporter nach Bochum.

Da standen, als die Tat getan war und nichts mehr zu retten, zwei junge Leute vor Gericht, er sechsundzwanzig, sie dreiundzwanzig Jahre alt, die zusammen einen dreiunddreißig Jahre alten Arbeitskollegen aus Witten grausam rituell ermordet und verstümmelt hatten.

Frisuren, Kleidung, modische Accessoires und Musikgeschmack des jungverheirateten Mörderpaares erlaubten Kundigen ihre Zuordnung zu einer nicht gerade kleinen und in ihrem Innern vielfältig ausdifferenzierten Subkultur, die je nach Eingeweihtheitsgrad der Experten mal als »Grufti-Szene«, dann wieder als »die Satanisten« oder auch als »Black-Metal«-, »Dark-Wave«- und »Gothic«-Welt identifiziert wurde.

Satan, hatten die Angeklagten der Polizei gegenüber erklärt, habe ihnen die Tat befohlen. Natürlich meinten sie damit nicht den aus der jüdisch-christlich-islamischen Theologie bekannten Versucher und »Vater der Lüge«, auf dessen Befehl Leute, die an seine Existenz und seine unheilvolle Rolle im heilsgeschichtlichen Entwurf glauben, keinesfalls handeln würden, und hinge auch das eigene Leben davon ab. Der Satan, auf den sich die Bochumer Angeklagten berufen, ist vielmehr eine Pop- und Kulturindustriefigur, ein Code selbststilisierter jugendlicher Renitenz. Bis hierher wurde in der öffentlichen Wahrnehmung der Vorgänge um den Prozeß den Tätern nur allzu bereitwillig die Einsicht in die Natur ihrer Motive zugestanden: Wenn sie sagen, daß das eine pop-satanistische Tat war, dann war es das auch.

Die Berichterstattung über den Mord, die Flucht, die Festnahme und endlich den Prozeß geriet aufgrund dieses mehr als nur ein bißchen koketten, letztlich sehr berechnenden, nämlich mit der Drastikwirkung des Satanszeichens kalkulierenden Wörtlichnehmens der Selbstinszenierung der Mörder zunehmend zu einer unheimlichen und mitunter leicht widerlichen Demonstration medialer Deutungshoheitsakte in jugendkulturellen Fragen.

Bis weit über den Moment hinaus, an dem bestürzte Großmütter verwirrt das Skandalblatt sinken lassen und der Gemeinschaftskundelehrer sich vor dem Fernseher fieberhaft Notizen macht, wurden wir – also gleichermaßen Menschen wie ich, die's schon wußten, und solche wie Du, die es zum erstenmal hörten – über die Bedeutung von schwarzen Ledermänteln, umgedrehten Kruzifixen und Satanshandzeichen (»Zeige- und kleiner Finger von der Faust abgespreizt«) unterrichtet. Wo der Gerichtsreporter sonst geschrieben hätte, die Angeklagten seien eiskalt geblieben, nannte er sie jetzt, im vermuteten Idiom der »Kids da draußen«, lieber gleich »cool«. Der offenbar durch keine Sisyphusarbeit mehrerer Generationen pop-analytischer Zeitgeschichtsschreibung in Zeitschriften wie der, bei der ich gearbeitet hatte, aus der Welt zu schaffende Fluch der Jugendkulturwahrnehmung in diesem Land bleibt auf ewig verhängt: Die publizistisch tonangebenden, dabei seltsam namenlosen Experten im medialen Mainstream trauen sich immer erst dann, eine Einschätzung dieser Kulturen und ihrer Produkte abzugeben, wenn irgendwelche individuellen Pathologien schwer gestörte Kriminelle dazu gebracht haben, anderen und sich selbst das Leben zu nehmen oder wenigstens dauerhaft zu verderben.

Rassistische Mordtaten von Skinheads, die »Hinrichtung« eines Schülers durch Black-Metal-begeisterte Mitschüler und ähnliche Katastrophen geben jeglicher Befassung mit den zu erläuternden und zu therapierenden Jugendmoden hierzulande den Ton vor, seit in den fünfziger Jahren der Rock 'n' Roll auf dem Wege der pressefotografischen Abbildung zertrümmerter Konzertsaalmöbel und verletzter Teenager ins deutsche Massenbewußtsein sickern durfte. Das Auseinanderfalten prächtiger Detailkenntnisse von Codes und Stilen, in dem der Boulevard in solchen Fällen brilliert, ist aber irreführend. Man weiß dort in Wahrheit meist sehr wenig, ja fast nichts über die Welten, die der polizeiliche Suchscheinwerfer da anstrahlt.

Wo etwa hätte man während des »Satanspärchen-Prozesses« (irgendein Fernsehtrottel) lesen dürfen, daß die Black-

Metal-Szene, der die Bochumer Täter nahestanden, zwar tatsächlich viele politische Abscheulichkeiten neuheidnischer, antimoderner und faschistischer Art nährt, daß die aber von einer durchaus dialektischen Dynamik gespeist werden, die es eben nicht erlaubt, »die Hochkultur« und das ästhetische Erbe der Moderne mit Verweis auf den Bestialismus des Pop-Plebs aus der Kritik zu heben?

Alles, was einen entsetzt, auf eine nur vom Hörensagen bekannte sogenannte Szene zu schieben, in der man »gewaltverharmlosende und -verherrlichende« Popmusik oder entsprechende Filme konsumiert, müßten aufgeklärte Menschen in solchen Situationen schon deshalb blödsinnig finden, weil sowieso alle künstlerische Darstellung von Grausamkeiten nach einer schönen Erkenntnis des Pop-Kritikers Diedrich Diederichsen Gewalt notwendig verharmlost – auch Goya und der »Faust«. Schließlich kann man sich der Wirkung von Kunst immer entziehen, realer Gewalt aber nicht.

Der »Kultursatanismus« ist ein zentrales Stratum modernistischer Ästhetik, älter fast als alle Drastikvarianten, die ich bislang in diesen Schreiben diskutiert habe. Von Joris-Karl Huysmans über die Surrealisten, den britischen Okkultisten Aleister Crowley und seinen amerikanischen Erben Anton LaVey bis zum Filmemacher Kenneth Anger und dem Song »Sympathy for the Devil« der guten alten Rolling Stones sowie natürlich weit in den Black Metal, den von 1998 und jeden anderen, geht es dabei um das Problem einer nachreligiösen Kultur, in der jeder Mensch sich selber zum Gott werden muß, auch wenn er das gar nicht will und daran leidet (»Sympathy« heißt bei den Stones ja nicht Zuneigung, sondern in der dort aufgezählten Reihe mit Höflichkeit und Takt vor allem Mitgefühl).

Luzifer war jener Engel, der »Non Serviam« sprach, »Ich

werde nicht dienen«, und geht den modernen Ästheten deshalb etwas an, weil auch der keinen Herrn mehr finden kann außer dem Markt (wie Beckett Gott anklagen läßt: »Der Schweinehund, es gibt ihn gar nicht!«).

»Tu, was du willst«, lautet Crowleys Gesetz, aber auch das der »Unendlichen Geschichte« von Michael Ende. Die Erfahrung, die da chiffriert ist, kennt also schon das Kind aus dem Kinderbuch. Die Linie läßt sich durchziehen von der prometheischen Anklage gegen Zeus, er sei ein allmächtiger Schurke, die der britische Romantiker Shelley formuliert hat, bis zu einer der wichtigsten Black-Metal-Platten, »Prometheus – The Discipline of Fire & Demise« (2001) der norwegischen Band Emperor. Das Erbe der huysmansschen Probleme hat in einer Jugendszene, deren Idole Ulver und Lacrimosa heißen und die William Blake oder Novalis verehrt, anschauliche Neuformulierungen gefunden, mit denen sich unter anderen als herablassenden oder gar strafrechtlichen Gesichtspunkten auseinanderzusetzen lohnen würde. Aber Gesellschaftsanalyse könnten auch die nicht ersetzen.

Wenn es schon nicht Gott ist, der dem einzelnen Jugendlichen in Rezessionszeiten die Lehrstelle versagt, dann wird ihm doch auch der Satan nicht beistehen. Nimmt man den modernistischen Stachel aber ernst, der im pseudo-atavistischen Neo-Satanismus steckt, wird auch die Parole »Satan hat es mir befohlen!« der Täter im Bochumer Fall als banale Ausrede erkennbar. Denn vor einem satanistischen Gericht reinsten Wassers, das an den herrenlosen Menschen glaubte, hätten diese Angeklagten wohl weit weniger Gnade zu erwarten gehabt als von einem, das zwischen christlicher Agape und sozialdemokratischem Resozialisierungsanspruch ein gerechtes Urteil finden muß.

Die Gelegenheit, die Debatte fruchtbarer zu machen, als sie sonst ist, habe ich damals immerhin zu ergreifen versucht – mit dem erwartbaren Ergebnis, daß ein paar die entsprechenden Einlassungen ganz aufschlußreich fanden und ansonsten alles weiterging wie immer; bloß ein paar dankbare Briefchen von jungen Leuten in vermutlich tiefschwarzen Klamotten habe ich gekriegt, die sich endlich einmal halbwegs verstanden fühlten.

Seufzen, Schulterzucken.

Ein bißchen Zeit ging ins Land, und dann fand der Horror von Erfurt statt.

Das war im Jahr 2002, und weil mehrere Menschen umgekommen waren und die deutsche Gesellschaft als ganze ein dermaßen virulentes schlechtes Gewissen wegen der auch an anderen Indizien immer deutlicher werdenden Verwahrlosung ihrer Erziehungs- und Bildungssphäre plagte, daß nur noch die massivste Moralisierung ein bißchen schmerzstillende Wirkung zu versprechen schien, habe auch ich mich mit einem kleinen Artikel in den Moralchor gemischt – allerdings ausgehend von einer ziemlich vergessenen, altmodischen Moral, der aufgeklärten (Er nun wieder!).

Was ich nach dem Gewehr-Massenmord in meine Zeitung geschrieben habe, lautet wörtlich:

»Samstagvormittag in einem deutschen Supermarkt. Zwei mittelständische Mütter stehen am Brotregal. Ihre Kinder, drei Teenager, besorgen schon mal, was eingekauft werden soll. Die Frauen reden über den Erfurter Schul-Massenmord vom Tag zuvor. Sie sprechen laut und schnell, hören einander nicht zu. Das ist völlig verständlich: Sie wollen nicht so genau wissen, geschweige denn darüber reden, daß die Umstände, unter denen jene Menschen in Erfurt ermordet wurden, genau dieselben sind, unter denen auch ihre Kinder sechs Tage in der Woche lernen sollen, wie man lebt, arbeitet, wählt und wirtschaftet. Nach fünf Minuten scheint alles gesagt. Das Gespräch stockt: ›Unglaublich.‹

›Schrecklich.‹

Dann aber sagt die eine den grotesken Satz: ›Die Zustände an unseren Schulen sind sowieso schlimm, wir sind ja das schlechteste Land, laut dieser Studie über Bildung.‹ Der moralisch-logische Defekt, der da scheinbar den Unterschied zwischen Bildungsproblematik und dem Entsetzlichen nicht mehr kennt, ist kein Hausfrauen-, sondern ein Medienproblem: unser Problem.

In Gesellschaften, die Nachrichten und Wissen noch zu anderen Zwecken als der Zurüstung zum Kampf ums Überleben verbreiten, gibt es drei Sorten öffentlichen Schrekkens. Die erste ist der fremde Feind. Der kann sich als Schläfer unter uns verstecken, könnte aber theoretisch enttarnt werden. Die andern beiden aber sind nicht enttarnbar, weil in ihnen Wesen und Erscheinung zusammenfallen. Eine davon, Schattenseite jeder Öffentlichkeit, ist der ewige Mob, der sich jederzeit für im Fernsehen übertragene Hinrichtungen begeistern ließe, Geschäfte plündert und Flüchtlingsheime in Brand steckt. So sieht das gesellschaftlich Allgemeine aus, wo es sich vor sich selber gruselt. Komplementär dazu aber steht der bis zur Tat unauffällige Einzeltäter mit Rasiermesser, Rohrbombe oder Pumpgun, der einen Kamikazeangriff auf die Welt unternimmt.

Als am 20. April 1999 in Denver eine Schule nicht zum erstenmal Schauplatz eines solchen Kamikazeangriffs wurde, fiel dem damaligen Präsidenten der Vereinigten Staaten, Bill Clinton, nur der Appell ein, die ›Kultur der Gewalt‹ müsse ›aufhören‹. Der anschließende Selbstheilungsversuch einer vergleichsweise liberalen Öffentlichkeit befaßte sich mit dieser Kultur, also Filmen wie ›Basketball Diaries‹, Popstars wie ›Marilyn Manson‹ und Computer-Ballerspielen wie ›Quake‹. Jetzt reagiert man auch in Deutschland ähnlich: Die Polizei stellt den Computer und die CD-Sammlung des Mörders sicher, Psychologen bemerken, daß es auch Freunde von Heavy-Metal-Musik gibt, die keine Massenmörder, sondern Taxifahrer, Feuilleton-Redakteure oder Lehrer sind, Sicherheitspolitiker fordern Geld, Bildungspolitiker erbitten sozialpädagogische Präventionsmaßnahmen. Vogelscheuchen wie das ›lieblose Elternhaus‹ der Links-Sentimentalen oder die ›antiautoritären Achtundsechziger‹ der Rechts-Gepanzerten dienen als Pauschalzielscheiben.

Auf 1968 könnte man tatsächlich kommen. Allerdings anders, als Leute glauben, deren Menschenbild so düster ist, daß sie Permissivität grundsätzlich als Vorstufe von Gewaltexzessen sehen. In dem Jahr, auf das man das Quasi-Ereignis ›antiautoritäre Revolte‹ datiert, wurden zwei Texte geschrieben, die wichtige Prototypen heutiger Pop-Gewaltdarstellung sind: Stephen Kings Erzählung ›Kain stand auf‹ und John Brunners Science-fiction-Roman ›Morgenwelt‹.

Bei King schießt ein Oberschüler vom Fenster seines Zimmers aus mit einem Zielfernrohrgewehr auf Menschen. Anders als bei den blutrünstigen Wahnsinnigen der EC-Horrorcomics aus den Fünfzigern, die Kings Jugend prägten, trägt der Schrecken in dieser Geschichte nicht die Züge eines von Affekten Geschüttelten, sondern der Oberschüler mordet seelenruhig. Wir erkennen darin die Täter aus der Zeitung, an denen das Schlimmste eben ist, daß sie nicht aus dem glühenden Haß handeln, der spätestens beim Anblick der Folgen des ersten Schusses einen noch so manischen Empfindungsfähigen aus der Tatspur werfen müßte. Kings Kain ist kein Rasender, sondern stilsicherer Regisseur des eigenen Horrorfilms. Ergänzend zur Individualpathologie liefert Brunners ›Morgenwelt‹ die Sozialimpression: In diesem Buch gibt es den Massenmördertypus des ›Mokkers‹, der seinen Namen als Verballhornung des malaiischen Wortes »Amok« erhalten hat.

Daß Jugendliche, die auf ihre Mitschüler schießen, und mediennotorische ›Mokker‹ schon 1968 ein Thema für professionelle Albtraumdesigner waren, belegt nicht etwa deren Sehergabe, sondern etwas viel Wichtigeres: Schon seit der Zeit, in der die Blaupausen der neueren rebellischen und lebensstil-politisch gemeinten Jugendkulturen entstanden, gibt es die Angst vor dem Wörtlichnehmen der Albträume dieser Kulturen. Die gleichzeitige, ebenfalls im Zeichen von Jugend stehende Revolte nutzte als Brennpunkt die Universitäten – Orte, denen der neue Rebellions-Pop gerade den Vorrang bei der Erwachsenenproduktion streitig machte.

Nicht nur in der Familie, in Schulen und an Universitäten wurde damals für das Leben gelernt, sondern, wie seit Entdeckung der ›Jugend‹ als eigenen Lebensabschnitts immer wieder, in eigenen kulturellen Zusammenhängen – und auf dem Markt: im Kino, auf großen Konzerten und vor dem Fernseher. Diese medialen neuen Lerninstanzen der ersten richtigen ›Gegenkulturindustrie‹ unterscheidet von früheren jugendkulturellen Lernwelten aber, daß ihnen von kulturkommentierender Seite bis heute hauptsächlich die beiden groben Aufmerksamkeitsformen der distanzlosen Fan-Begeisterung einerseits und der Abfertigung als Trivialzeug andererseits zuteil werden. Das liegt einfach daran, daß sie anders als der Wertherkult vorwiegend marktförmig sind. Frisch verdientes Geld ist meist zu flüssig, um solide Kanonbildung zu ermöglichen.

Der Täter von Erfurt war kein erfolgreicher Gymnasiast. In anderer Hinsicht aber war er ein grauenhafter Musterschüler: Er hat umgesetzt, was gesellschaftliche Wissensinstanzen nichtphantastischer Art, die sogenannten Informationsmedien nämlich, als Begleitstimmung zu den Pop-Albträumen dazuliefern: ›Ereignisse‹ sind wichtiger als Worte, ›Fakten schaffen‹ spricht klarer als Reden, Gewalt macht Motive erst richtig relevant, Überbieten heißt Siegen. Wer sich in einer Produkt-Kultur bewegt, konsumiert aber nicht nur, sondern träumt aktiv mit – auch die Albträume. Wenn traditionelle Bildungsinstanzen dagegen nur an das Gute im Menschen appellieren können, haben wir ein Problem, das man ›Verelendung‹ nennen kann, obwohl bei uns so schnell kein Schulkind verhungert.

Mit neunzehn Jahren hat man eigentlich noch nicht gelebt, wenn Leben heißt: die Konsequenzen von Entscheidungen über das eigene Glück und Unglück erfahren dürfen (und müssen). In der Sprache der Filme, mit denen der neunzehnjährige Erfurter Mörder sich auskannte, nennt man menschliche Wesen, die nicht richtig leben, sondern nur bedrohen und töten können, ›Zombies‹. Der Erfurter Mörder muß einen Unterschied zwischen sich und denen, die er getötet hat, gesehen haben, der seine Wahrnehmung gegen Mitleid abgedichtet hat. Er mag gedacht haben, seine Opfer wären eigentlich nicht lebendig, oder auch umgekehrt, er wäre selbst ein Zombie: Soldat einer Armee der Toten, wie sie etwa durch das soeben verfilmte Computerspiel ›Resident Evil‹ wütet.

Popkultur ist – wie jede Kultur – angewiesen auf das Versprechen einer Magie, die aus der sozialen Falle des Üblichen befreit. Jugendliche müssen die andere Seite dieser Falle kennenlernen dürfen, auch durch drastisch übersteuerte Darstellungen der Falle selbst. Sie müssen mehr und anderes tun können als kaufen und träumen: seltsame Pillen schlucken, sich als Verliebte mit Messerchen gegenseitig ihre Namen in die Arme schneiden, jemand völlig Fremden küssen. Sie sollen ihre Herzen und ihre Noten riskieren dürfen, aber nicht ihr Leben und das anderer. Kulturkritik hat hier die Aufgabe, weder die Möglichkeit der Erledigung der Bedrohung durch Verstopfung der vermeintlichen Quellen zu suggerieren – kein verbotener Splatterfilm wird Morde verhindern, wo es Mörder gibt – noch aus Interesse am Erhalt des Reichtums der Popkultur immer wieder abzuwiegeln, es gebe ›keinen nachprüfbaren Zusammenhang‹.

Wenn Kenner der Popkultur ernsthaft erzählen, das Kaputtschießen von Monsterköpfen am Schirm wirke nicht auf den Gemütshaushalt des Schützen, erweisen sie ihrer Sache einen Bärendienst. Die Gewaltdarstellungskultur (die für sich genommen eben noch keine ›Gewaltkultur‹ ist) gibt es, wir leben mit ihr. Verbindungen zu Formen realer Gewalt gibt es viele. Die soll man nicht leugnen, sondern kompetent analysieren – also auch: nicht borniert. Wenn man Erziehung nicht als Dressur will, kommt es darauf an, das verbreitete Spielmaterial der kollektiven (und einsamen) Träume Jugendlicher ernster zu nehmen, als sowohl eine Spaß- wie eine Angstgesellschaft das können. Worte müssen wieder stärker gemacht werden als Bilder. Die Jugendlichen selber müssen dabei mitreden können. Alles, was die Spielräume dafür schmälert, vergrößert die Angst. Wenn die Angst regiert, können Monster aus Filmen und Spielen unsere Schulen betreten und sich dabei fühlen, als kämen sie nach Hause.«

Du siehst: Ich habe mir die größte Mühe gegeben, an manchen Stellen merkt man's überdeutlich[2].

Den damals zumindest in Umrissen schon vorhandenen

analytischen Apparat zum Drastikverständnis auszupacken, der in diesen Briefen an Dich skizziert ist, und gar seine Schneidwerkzeuge am gegebenen Fall zu schärfen, fehlte mir der Mut. Dabei wäre das kinderleicht gewesen, gemessen an den Aufgaben, die mir hier noch bevorstehen, bevor ich verreisen und Dir das schicken kann, was bei all der Arbeit rauskommt.

Der Weg ist allerdings, tröstlicherweise, gar nicht mehr weit.

D.

Brief übers Schwimmen und den großen Fehler

Ach Sonja,

Du hast nicht gewußt, was Du mir warst.

Was denn? Mittelgroße Fußspuren von nicht sehr schweren Winterschuhen im Schnee, denen man unbedingt nachgehen will. Du warst in der Nähe, wenn es einen Regenbogen gab, Du warst immer dahin unterwegs, wo es blitzt und donnert, gerufen vom geheimen Wind. Du warst nicht groß, hast Dich aber aufrecht gehalten. Ich hätte Dich fressen mögen oder umarmen – daß ich das habe merken müssen, in den Wochen nach der Begegnung am Fahrradrondell, daß ich das nicht auf sich beruhen lassen konnte, daß ich an diesem Kelch nicht hab vorüberschlenzen können – was für ein Elend, was für ein Witz.

So todernst süß warst Du, so supersexy, daß ich nachts bald nicht mehr vernünftig schlafen konnte, sondern mir eins von meinen Kissen nehmen mußte, es festhalten und dazu bei offenem Fenster Deinen Namen sprechen, damit er, so fortgeschickt, weit wegfliegt, dahin, wo es nicht regnet noch schneit, im Dunkeln.

Statt einzuschlafen, habe ich mir dann eingeredet, Du wärst da, nicht unerreichbar, nicht umzingelt von Deinen mich fernhaltenden, mich mit seltsamen Blicken und gefährlichem Getuschel abwehrenden Freundinnen, der herben Silke, der klugen Johanna und den anderen Vestalinnen ...

Wann fiel der Groschen?

Noch hechelte ich eine Weile Candela hinterher, bis ich

mir klargemacht hatte, daß es nicht sie selbst war, was ich vergötterte, sondern ihre Haltung, ihr über dem empirischen Geschlechterzirkus der Pubertät stehendes erotisches Willenstheater, dem übrigens auch die Mädchen und Frauen verfielen, jedenfalls diejenigen, die, anders als Du und Dein Kreis, cool sein wollten.

»Ich hab keine Zigaretten mehr«, pflegte Candela am Rondell zu sagen, bei den Rauchpausen vormittags, und sofort lief irgendeine Jule, Michaela oder Jutta los, ihr neue zu besorgen.

Du warst der Grund, daß ich zu meinem Beruf gekommen bin, Candela aber das Modell dafür, mit welchem Stilwillen ich ihn angegangen bin.

Candela, die ich unter verschiedenen Masken in verschiedenen Büchern porträtiert und gefeiert habe, hat meiner Arbeit gutgetan, als ewiges Urmodell der Souveränität, und meinem Leben als wichtiger Beweis, daß es »Paul« auch in weiblich gibt. Die Verliebtheit nahm aber im selben Maß ab, in dem die Bewunderung für ihr Hofhalten, ihre Verwandlung der eigenen Person in ein Kunstwerk zunahm. Gleichzeitig sah ich da schon immer häufiger zu Dir hin, im Unterricht, auf dem Hof, und falls man Dich mal abends auf einem Fest oder sogar in der Kneipe traf – meist als Begleiterin kühnerer Freundinnen. Ich fing an, die über Dich auszufragen, vor allem Johanna natürlich, die sich damals gerade im heftigen sexuellen Clinch mit Paul befand und mir Dein wichtigstes Geheimnis leider viel zu spät verraten hat, als ich mich schon viel zu stark verheddert, verstrickt und ver...

Ich greife vor. Ich schweife ab.

Kapiert habe ich, was meine Blicke und mein Puls schon ziemlich bald nach der Rondellbegegnung wußten, das erste Mal bewußt auf einer Party bei Christine Senn. Da hast Du lange mit Albert Hauser getanzt, es gibt ein Foto davon, ich habe es vor Jahren meiner damaligen Freundin mit den Worten »Das ist sie, das ist Sonja« gezeigt. Sie meinte: »Echt? Sieht aus wie ein häßliches kleines Äffchen.«

Das stimmt. Das Foto ist sehr schlecht, so hast Du nie ausgesehen. Bizarrer- und stimmigerweise zeigt Dich das einzige Foto vom Klassentreffen sieben Jahre später in Maulburg ebenfalls mit Albert, der sich inzwischen allerdings zu einem stämmigen Saukerl und Dreiviertel-Neonazi ausgewachsen hatte, während Du auf diesem zweiten Foto endlich ausschaust, wie Du mir schon in der Vorzeit, auf Christines Party vorgekommen bist: unkokett weiblich, stolz und lustig aufgelegt.

Kein Bedauern, kein Zurücksehnen, kein Abschied.

Kein Abschied?

Nach dem Tanz mit Albert bist Du bei Chris dem Wikinger und mir in der Ecke gesessen. Ich habe ihm, aber auch Dir von irgendwelchen Büchern erzählt, die ich gerade gelesen hatte, und dabei fiel mir auf, daß Du als einziges Mädchen im Raum kein T-Shirt und keine kurze Bluse, sondern einen zu dieser heißen Sommerzeit komplett unpassenden Sweater anhattest. Ich hätte was merken können. Ich merkte nichts.

Das kannten wir sonst nur von dicken Kindern. Du aber warst zierlich, und Deine Handgelenke unterm Sweater-Rand, Deine auf den Knien spielenden Hände ... ich habe mich verhaspelt, irgendwann, weil ich dauernd diese Finger angeguckt habe und die andern Stellen, an denen der Pullistoff aufhörte und die Haut anfing: am Hals, unterm Nabel über der Hose, dieses helle Braune, Nuß, Sand und Bronze.

And some day I'll go where there ain't no rain or snow.

Ich erkannte, daß ich diese Fingerchen anschaue, weil ich

mir vorstelle, wie es wäre, sie im Mund zu haben, und diese Halsgrube, weil ich dran schnuppern wollte, und diesen Bauchstreifen, weil et cetera.

»Sag mal, bist du jetzt spitz auf die Sonja?« fragte mich Chris der Wikinger auf dem Heimweg, den ich mit ihm und Paul durchs Dunkel nahm, unter allen Sternen. Die Frage brachte unsern unangefochtenen Chef überhaupt erst auf die Idee, denn so nahe er und ich einander damals standen, Mädchenprobleme haben wir erst mit der Geschichte zwischen Dir und mir zu erörtern angefangen, vermutlich deshalb, weil der Erfahrungsabstand einfach zu groß gewesen war zwischen mir und ihm, dem weltgewandten Abenteurer, der schon ein Jahr vorher das erste Mal mit einem Mädchen geschlafen hatte – richtig, mit Deiner klugen Freundin Johanna[1] übrigens, jetzt fällt's mir ein.

Sofort ließ er mich an seinem Wissen und seinen Einschätzungen teilhaben. Chris der Wikinger kam bis runter zur Feldbergstraße, wo wir uns trennen mußten, nur noch ein einziges Mal zu Wort.

»Was willst du denn mit der? Die ist doch 'n Kind, ich meine, ich weiß ja, du magst die kleinen Niedlichen, diese Schöninchen, aber die sind wenigstens frech, während so 'ne langweilige Tasse Kamillentee wie die Sonja ... die macht alle ihre Hausaufgaben, die streckt den Finger hoch, wenn sie was im Unterricht sagen möchte, weißt du, die hilft ihrer Mutter beim Plätzchenbacken und hat noch nie nach zehn Uhr abends das Haus verlassen. Ihren ersten Kuß wird sie mit Zwanzig abkriegen, bei der kirchlichen Trauung, und du, mein Lieber, wirst der Bräutigam bestimmt nicht sein, wenn ich es verhindern kann.«

»Es gibt keine kirchliche Trauung«, habe ich düster vor mich hinstierend gegrunzt, »Sonja ist konfessionslos, sitzt bei mir im Ethikunterricht. Nicht wie du, der immer noch im protestantischen Religionsunterricht schwitzt, Du Superkommunist. Ihre Eltern sind Atheisten.«

»Tochter Sonja glaubt jedenfalls nicht an das, an was du und ich glauben«, ließ sich Paul auf gar nichts ein, »weder an Spaß noch an Heavy Metal, nicht an Rock noch auch an Roll, nicht an Schnaps und Sex und, weißt du, schon gar nicht an Kommunismus. Also komm, überleg's dir, magst du nicht doch lieber weiter rettungslos Candela Lauder verfallen sein? Die ist wenigstens 'ne Frau.«

»Und was für eine«, bestätigte Chris der Wikinger sehr ungefragt, mehr Wortmeldungen brachte er nicht unter.

»Ihr seid so zwei Dreckspatzen, meine Herren, daß ihr schon überhaupt keine Ahnung mehr habt, was eigentlich Gefühle sind.« An den Satz, erheblich tiefsinnig, wie er war, der diese Diskussion unterm hohen Himmel, während wir drei angeheitert an schwarzen Tannen vorbei den Kiesweg vom Altighang zur Südstadt runterstolperten, bündig beenden sollte, erinnere ich mich genau.

Es war das erste Gespräch über Dich. Viele folgten in den nächsten Wochen.

»Was findest du an der?«: Das war die als Frage verkleidete Meinung der Paul-Gruppe.

Aber es gab auch eine andere, besser ausbalancierte: »Glaubst du, die interessiert sich für einen von eurem läppischen Rebellenhaufen?«

Gute Frage, Johanna.

Ich habe aus Beklommenheit und aus Hingerissenheit von Dir, aus Sehnsucht und weil ich die so genossen habe, lange schier gar nichts unternommen, einer Antwort darauf auch nur nahezukommen.

Drastik? Von wegen: Kein Wort sprach von Sex oder der Aussicht darauf, obwohl das Zittern und Klappern meines armen Hirnkastens in diesen Wochen von nichts anderem verursacht wurde als dem Schock einer ungeheuren, fast geistlich sublimierten, visionär flirrenden Geilheit auf Dich, Du seltsame Pflanze.

Plötzlich nahm ich wahr, was längst alle wußten und was keinen kümmerte: Du warst ein Mädchen, das die eigene Körperlichkeit mehr als andere unter Verschluß hielt und versteckte. Die Blicke hinter der Brille, die Haut unter möglichst viel und möglichst lockerer, luftiger, weiter Kleidung: Wenn man Dich mit Johanna, Silke und Christine im Schwimmbad sah, dann meistens angezogen.

Idiotischerweise brachte Dir das, als bekannt wurde, daß Du jetzt endlich einen richtigen Verehrer hattest, einen Ruf als prüde Person ein, jedenfalls bei meinen extradummen Freunden – außer Paul, der über die ganze Sache nur betrübt den Kopf schüttelte, je länger sie währte: »Du bist nix für sie, sie ist nix für dich, laß es halt gut sein.«

Körperversteck, Vorhang: Selbst beim Schulschwimmen, Donnerstagnachmittag im Maulburger Bad, bist Du immer schnell aus der Dusche gehuscht und sofort ins Wasser geglitten, am Beckenrand gab es Dich nicht. Man konnte Dich nicht anschauen, da mußte ich dann eben phantasieren, und bald ...

Warte, dazu komme ich gleich. Die Reihenfolge muß ja stimmen.

Am gemeinen Spott, Du wärst verklemmt, von dem Du, da er hauptsächlich ein Jungs-Spott in unserer Umkleidekabine war, vielleicht – ich hoffe es sehr – nie viel mitgekriegt hast, bin ich also, fürchte ich, fast ganz alleine schuld: Dich an irgendeinem sexuellen Maß zu messen wäre, weil Du das immer weiträumig umfahren hast, sonst wahrscheinlich niemand eingefallen.

Da sich aber nun mal bald direkt-indirekt verbreitet hatte, daß Du es ganz gegen Deinen Willen neuerdings zum Sexgötzen des ärmsten Irren der Gegend gebracht hattest, fragten sich alle, die das wußten, ob Du außer Sexual*objekt* wohl auch Sexual*subjekt* warst – und verneinten die Frage. Falls sich das je bis zur tatsächlich prüden und verkniffenen Silke rumgesprochen hat, die ich – hauptsächlich wegen der Angst, sie könnte Dich mit ihrer freudlosen Art auf Dauer anstecken – damals besonders feurig haßte, so wird sie dieses Urteil wohl geteilt, aber zu Deinen Gunsten ausgelegt haben: Wahrlich, ihre Freundin Sonja hatte mit ekligem Jungskram nichts am geflochtenen Sonnenhut.

Ich habe seither einiges erlebt, manches gesehen (KitKatClub / Berlin, morituri te salutant) und noch mehr gehört und gelesen, das auch die vertrocknetste obszöne Einbildungskraft anregen könnte. Damals im Kaff waren die sexy Phantasieressourcen dagegen eher knapp – es gab an unserem sonst so fortschrittlichen, umkämpften, mit Drogen und Terrorismus-Sympathisanten ausreichend versorgten Gymnasium keinen nennenswerten Umlauf von Pornographie im engeren Sinne. Nie hätten wir auch, wie ich das später am Zweitgymnasium in Freiburg erleben mußte, Mädchen und Frauen »Fotzen« genannt. Ich glaube, vor meinem fünfzehnten Lebensjahr habe ich mich mit Leuten, die ich näher kannte, Gleichaltrigen vor allem, über »diese Sachen« überhaupt nie anders unterhalten als in der von »Bravo« bereitgestellten Sprache – daß es einen umgangssprachlichen Ausdruck oder zwei für das gab, was in den Heftchen »Selbstbefriedigung« hieß, wußte ich zwar irgendwann, kann aber nicht mehr angeben, woher, und habe die betreffenden Begriffe jedenfalls erst später, nach meinem Wegzug nach Freiburg mit Ende siebzehn, von enger mit mir befreundeten Menschen gehört oder selbst ausgesprochen.

Diese relativ luftdichte Sprachsperre hat immerhin das Greulichste an denunziatorischer Objektivierung Deiner vermuteten Vorzüge oder Nachteile in unserem damaligen Kleinstadtklatsch verhindert.

Es quakte das alles auch so schon schlimm genug. Der Höhepunkt war erreicht, als meine verrückte Mutter irgendwann Wind »davon« bekam und mich beim Abendessen – ich hätte die kalten Nudeln fast auf den Tisch gespuckt – fragte: »Wieso denn die, die ist doch so 'ne ganz Angepaßte, die paßt doch nicht zu dir, ist bestimmt steif wie ein Brett beim ...«

Da hob ich die Hand: Auszeit, liebes Grauen, ich bin die Faxen müde. Weiter ging's wirklich nicht mehr, Gottseidank.

Mein Fieber war für andere eine Provokation, sich die Konstellation irgendwie sinnvoll und wenn möglich brisant zu tratschen. Das wiederum stachelte mich fatalerweise an, mich nur noch ärger zu verrennen: Was denn, die soll prüde sein, diese heiße Prinzessin? Das wollen wir doch mal sehen! So beschloß ich denn in meiner Dummheit, Dich systematisch – man kann es leider nicht schöner sagen – zu necken, aus Deinem Sweater- und Jäckchenpanzer rauszuschweißen, Dich tagtäglich mit Blicken, Bemerkungen und ultratapsigen Aufmerksamkeiten *anzumachen.*

Mir wird ganz schamhaft, wenn ich an diese einseitigen Flirtkatastrophen denke. Sie auszuwetzen wird nie mehr möglich sein, und obwohl es Schlimmeres gab – einen Teil davon weißt Du, einen Teil sollst Du erfahren –, ist dieses Schlimmere dann doch nicht halb so peinlich wie die Erinnerungen ans werbende Kaspertheater.

Wie oft stand ich unglücklich am Treppenabsatz beim Feuerrollgitter, um Dich runterkommen zu sehen, wenn Du als eine der letzten die Schule verlassen hast; wie viele Tage habe ich mich in der Schlange beim Brötchen- und Milchkiosk nach Dir umgedreht und Dich gefragt, ob ich Dir was mitbringen soll, »dann mußt du nicht anstehen«? Im Sportunterricht, progressiv gemischgeschlechtlich, stand ich zwischen dem Gehopse ständig bei Paul bei Johanna, weil die bei Dir standen (Candela hat geschwänzt, die mußte irgendwo am Weiher bei der Schule zwingend rauchen, Zumutungen wie Sport waren nicht drin).

Die »Theorie« hinter den Zudringlichkeiten war der schiere Affenbiß: Ich traute mich nämlich, sosehr »das Thema« einerseits in aller Munde war, einfach nicht, Dich zur Sache anzusprechen, und dachte mir lieber, daß das Durchbrechen des Silke- und Johanna-Cordons reservierter Blicke um Dich eben erst einmal über Gesten, Berührungen, physische Nähe laufen müßte. Oft genug am Arm gestreift oder am Haar gerochen erspart Bände voller Liebesbriefe, Kommunikation über, lieber Himmel, Körpersprache ist unmittelbarer – irgend so ein klumpiger Ramsch schwamm durch mein Blut, ließ meine Denkmurmel aufquellen und beschleunigte den Puls auf rasante Lächerlichkeitswerte. Es war ganz schlimm.

Und dann kam sie mir, unweigerlich, die beste, die schlimmste Idee von allen: Im Schwimmen einfach draußen bleiben, bis Du aus der Dusche flitzt und Dich schnell vom Beckenrand ins Wasser gleiten läßt, dann neben Dir reinspringen, sofort abtauchen und nach Dir greifen, als wären wir noch in der schönsten Freudschen Latenzzeit. Als könnte so was unschuldig sein, wo man Dir doch längst zugetragen hatte und Du ja auch nicht übersehen konntest, wie manisch ich auf Dich fixiert war.

Ich habe wirklich nur nach Deinen Fußknöcheln gegriffen.

Es ging ja nicht darum, Dir das Badezeug vom Leib zu zerren. Ich hatte einfach meine albernen Augen weit aufgerissen in der Chlorbrühe, um Dich anschauen zu können, die knochigen Hüften, den flachen Bauch, die dünnen Beine, und dann war das ja auch eigentlich kein Greifen, mit den Armen und Händen, sondern mir passierten da eher ein paar stabilisierende Schwimmbewegungen, Taucherübungen –

Ich bin furchtbar erschrocken, als Du plötzlich angefangen hast, nach mir zu treten und mich erst an der Brust, dann in der Halsgrube getroffen hast. Hart bewegte sich Dein Ellenbogen durchs Wasser, traf mich fast am Kopf. Ich habe mich verschluckt, bin von Dir weggeschwommen, aufgetaucht – und Du warst am Umdichschlagen wie verrückt, als wärst Du in akuter Gefahr, zu ertrinken.

Ich hatte keine Ahnung, keinen Begriff davon, was los war. Da habe ich Dich also, wie Du wohl noch weißt, sehr zornig angeschrieen: »Spinnst du jetzt ganz, du Ziege? Was soll denn das? Was soll das sein, Wasserkarate? Willst du, daß ich ersaufe?«

Natürlich habe ich darauf eine Antwort erwartet. Aber da war Johanna schon bei Dir, zog Dich zurück zum Rand und schirmte Dich ab, als ihr zusammen rausgeklettert seid.

Der dumme Hund von Schenker, unser abscheulicher Sportlehrer – wer hätte ihn nicht gehaßt, selbst Du hast ihn mal einen »Fiesling« genannt – hat mich dann abgelenkt, so daß ich Euch nicht hinterhergucken konnte auf dem Weg zur Umkleidekabine. Abgelenkt? Der Alte hat mich zusammengefaltet wie vorher und nachher nie mehr, und das Lustigste ist: ich kann mich an nichts davon mehr erinnern außer an die Lautstärke und daran, daß Ihr beide die ganze restliche Stunde nicht mehr zurückgekommen seid. Es war ja Nachmittag. Ihr seid also nach Hause gefahren, nehme ich an.

Bezeichnenderweise haben mich an diesem Tag in der übrigen Zeit alle gemieden, sogar Chris der Wikinger, als hätte ich Aussatz oder wäre vom Engel des Todes markiert worden. Paul war dummerweise nicht da – ich glaube, er hatte Grippe, wie oft im Winter. Ich kam mir vor wie die letzte Pottsau.

Am nächsten Tag, noch vor Unterrichtsbeginn, bei den Tischtennisplatten, wo wir als Rauchergrüppchen standen und ich mich gerade sehr gut mit Candela und Alberts dauerbekifftem Freund Wütrich unterhalten habe, hat mir Johanna dann klargemacht, daß ich tatsächlich die letzte Pottsau war: »Das hast du toll hingekriegt – so ziemlich das Übelste, was du Sonja antun konntest«, lautete die Begrüßung.

Dann zog sie mich weg von den andern. Wir gingen rüber zum schicksalhaften Rondell, und ich protestierte hüftsteif: »He, wieso, hör mal, so was passiert doch da die ganze Zeit, beim Schwimmen. Was willst du außerdem überhaupt von mir, bist du jetzt ihre Mutter oder was?«

Johanna ging auf den Quatsch gar nicht ein: »Du bist nicht ihr Freund. Sie hat gar keinen. Also gibt es auch nichts zu grabschen.«

»Na schön ... aber 'ne Staatsaffäre mußt du jetzt auch nicht draus machen, oder? Ich meine, gut, ich weiß, sie ist irgendwie schüchtern oder mag es nicht, wenn man ihr äh ... an die Wäsche geht oder was, aber das ist ja wohl ihre Eigenheit, dafür kann ich nichts, wenn sie irgendwelche psychologischen ...«

»Du hast gar keine Ahnung, oder? Bist verliebt in sie und weißt das nicht, was?« fragte sie mich daraufhin, und etwas an der Frage, am Tonfall, am ehrlichen, fast ein bißchen entsetzten Erstaunen, mit dem sie mich anschaute, ließ die Mauer endlich purzeln: »Sag mal, Johanna ... gibt es irgendeinen besonderen Grund dafür, daß sie so ... daß Sonja ...«

Und da hat sie es mir denn erzählt: Das mit dem Auto und dem Unfall im Winter, dem Schliddern auf dem Eis, den fehlenden Winterreifen, dem knapp verfehlten Lastwagen, der Leitplanke, der Böschung. Und von den Folgen sprach sie auch, den Narben überall, davon, daß Du – ihr Wort, nicht meines – »entstellt« wärst und Deinen Körper hassen würdest und daß Du das Gefühl hättest, ich würde Dich absichtlich quälen wollen, und daß Du einfach nicht verstündest, was das sollte, Du hättest mir ja schließlich keinen Anlaß dazu gegeben, ich fände Dich doch angeblich toll, warum also mußte ich Dir so zusetzen?

Wäre die Geschichte ein Jugendbuch, gäbe es einen einfachen, vorgezeichneten Weg zum glücklichen Ende: Ich entschuldige mich bei Dir, wir sprechen uns aus, Du faßt Vertrauen, stellst fest, daß meine Zuneigung echt ist und keine Quälerei, wir finden zueinander, es wird artig geschnäbelt, Glockengeläute, Taubengeflatter, Ende.

So lief es aber nicht. Wie Du ja weißt.

Wer von uns beiden, Du oder ich, in den Wochen nach Johannas Offenbarung elender dran war, ist eine blöde Frage, die ich nur genannt haben möchte, nicht gestellt. Wenn einem das Leben außer einer verrückten Mutter, einem weitgehend abwesenden cholerischen Alkoholikervater und unkanalisierbarem jugendlichem Tatendrang sonst nichts bietet, kann man sich in eine derartige Geschichte ganz schön »reinsteigern« (Gott, wie habe ich den Ausdruck gehaßt, wenn Reza und Chris und Patrick sich damit wichtiggetan haben – Paul hat so etwas nie in den Mund genommen, der heilige Phrasenallergiker).

Das ging an den Schlaf, an die Präsenz tagsüber, an die Moral und eskalierte bis zum alten Teenager-Evergreen, der ominösen Selbstmordandeutung und -koketterie, den Freunden und Freundinnen gegenüber: Am besten, es gäbe mich gar nicht.

Inmitten dieser violetten Dummheitsnebelwolke wußte ich aber immerhin doch noch, daß, sofern ich mir wenigstens einen kümmerlichen Rest meiner Romeo-Ehre zu bewahren wünschte, kein Weg dran vorbeiführte, mich Dir endlich offiziell zu erklären, damit Du Gelegenheit hättest, mich abzuweisen oder aber ... na ja.

Es traf sich glücklich furchtbar, daß wir kurz darauf alle zusammen in dieses absurde Landschulheim in Dilsberg bei Heidelberg gefahren sind. Da, wußte ich, mußte es passieren, weswegen ich die ersten sechs der acht Tage Landschulheimaufenthalt jeden Abend besoffen war, mit Paul und Chris und Reza und Bernhard und Harry, jeder weiblichen Gesellschaft strikt aus dem Weg gegangen bin und mich tagsüber durch die Landschaft geschleppt habe wie ein besonders ausgetrockneter von Fulcis Untoten.

Am vorletzten Tag habe ich schließlich mehrfach versucht, Dich am Rande der kleinen Gruppen, die sich bei den Besichtigungen und Mini-Ausflügen ständig bildeten, mal halbwegs alleine zu erwischen. Dein Wachhund Silke aber wich nicht von Dir und schenkte mir Blicke, die mich bestimmt getötet hätten, wenn ich mir nicht schon alle empfindlicheren Seelenzonen wund gewälzt hätte, in den betrunkenen Nächten und langen Therapiegesprächen mit Paul.

»Mann, jetzt vergiß sie halt. Es soll nicht sein. Es gibt andere Mädchen – wie wär's mal wieder mit Candela?«

Am Abend fand eine Party statt.

Du warst eingekeilt zwischen Silke und dieser komischen Marianne, von der ich sonst fast nichts mehr weiß, beinah den ganzen restlichen Abend lang, in der andern Raumecke des Partykellers jener ominösen Jugendherberge – bis auf die zwei Minuten zwischendurch, als Du aufs Zimmer verschwunden bist, um irgendwas zu holen, und mich der verfluchte Wikinger angestoßen hat, weil seine Luchsaugen das bemerkt hatten: »Jetzt oder nie. Lauf schon raus und schnapp sie dir.«

Wie der unkoordinierte Trottel, der ich war, zwang ich mich an den andern vorbei nach draußen, was schier eine halbe Stunde dauern wollte, und erwischte Dich gerade noch auf dem unteren Treppenabsatz, bei Deiner Rückkehr. Im Kreuz der Lärm der Vergnügten setzte mir zu, als ich mein Geständnisfragment vor Dich hinlegte, das Du dann mit einem der größten Luftrauslasser in der Geschichte der Sexualität beantwortet hast – weißt Du noch, was ich gesagt habe?

Fast nichts, sehr wenig, nur soviel, wie mir einfiel, um zur eigentlichen Liebeserklärung überzuleiten:

»Sonja, du weißt es ja vielleicht schon . . .«

Und dies war Deine Erwiderung, über die ich heute gern lache, ihrer großen Eleganz wegen – damals schlug sie mich vernichtend: »Nein, und ich will es auch gar nicht wissen.«

Du hast mich sogar noch zwei Sekunden angeschaut danach, vielleicht selbst verwundert über Deine Schlagfertigkeit. Gerechterweise wollte mir darauf rein gar nichts mehr einfallen, also ließ ich Dich vorbei.

Paul fiel danach die schwere Aufgabe zu, mich drei Stunden lang durch geduldiges Zureden davon abzuhalten, melodramatisch aus dem Fenster in einen Abgrund zu hüpfen, hurra Rittersprung, was sich jetzt natürlich auch lustiger hinschreibt und liest, als es war. Wer weiß, wäre er nicht gewesen, ich hätte wirklich noch was Irreversibles angestellt. Damit hatte es sich, soweit es Dich betraf. Den Rest habe ich ganz allein übernommen und ausgebrütet, jahrelang, methodisch, vergrübelt, manchmal obsessiv, bis zu den endlich unvermeidlichen Ergebnissen, von denen Du einige kennst, einige nicht, sie werden bald erzählt.

Dir alle zu enthüllen und einen Zusammenhang herzustellen zu dem, was sich denken läßt über Ausnahmemomente in Leben und Kunst: dazu sind diese Briefe da.

Ich bin sehr müde. Es ist fünf Uhr früh.

D.

Brief über Pornographie und Verträge

Anders als damals Du, liebe Sonja,

werden die erfolgreichsten, meistgezeigten Frauen in der neueren Pornographie nicht deshalb als sexuelle *Subjekte* mit Präferenzen und Abneigungen, Vorzügen und Mängeln wahrgenommen, weil jemand sie zuerst zum *Objekt* seiner sexuellen Wünsche erklärt.

Die Suggestion will es vielmehr umgekehrt: Frauen wie die vom notorischen Frauenschinder Rocco Siffredi besonders gern rangenommene »Kelly Stafford« oder die wilde »Betty« der höchst erfolgreichen Münchner »GGG Productions« des ominösen »John Thompson« kriegen einen Namen, ein Profil, ein Image verpaßt, die nur dazu da sind, plausibel zu machen, diese Frauen seien selber, aus eigenem Antrieb, »geil« beziehungsweise, noch schöner, »naturgeil«, das heißt: Subjekte ihrer Ausschweifungen.

Erst das macht sie zu geeigneten Objekten der Pornographie.

»Sie ist hübsch, schmutzig und pervers«, heißt es auf dem Cover von »Rocco & Kelly« (Red Light Movies). »Sie ist fürs Ficken geboren, besonders fürs Arschficken. Sperma ist ihr Grundnahrungsmittel. Sie steht total auf extreme Schließmuskel-Dehn-Übungen und liebt es, im Gesicht besamt zu werden. Die Rede ist von Supermodel Kelly Stafford. Dieser Film präsentiert euch Kelly hautnah und abartig wie nie zuvor. Heiße Spiele mit megageilen Transvestiten, tierische Sauereien am FKK-Strand u. v. m. ...«

Die Kollegen von GGG bewerben einen »Betty«-Film mit

den Worten (Orthographie und sonstige Eigenheiten wie im Original): »Betty! Dieses mittlerweile weltweit anerkannte Schluckgenie hat sich schon wieder übertroffen. Natürlich trinkt sie Sperma und Pisse aus ihrem Hut. Natürlich schafft sie es wieder derartig viel runterzuschlucken, daß Mann glaubt, jetzt müsse sie doch genug haben. Von wegen, BETTY kennt eben keine Grenzen. Dieser Film wieder mit JOHN THOMPSON GARANTIE!!!«

Man darf den gern und ermüdend von wackeren Leuten an solche (und harmlosere, »softere«) Produktionen gerichteten Vorwurf, Pornographie mache Frauen zu Objekten, vielleicht trotzdem unglücklich finden. Sexualität ist ja schlechterdings unmöglich, wenn die daran Teilnehmenden einander nicht auch als Objekte der Befriedigung ihrer Lust sehen dürfen – wenn es denn einigermaßen einverständig und symmetrisch passiert, hat kein Papst und keine feministische[1] Filmkritik dreinzureden.[2]

Der Witz an der Sexualdrastik obengenannter Sorte ist allerdings der, daß die pornographisierte Frau (und seltener, der pornographisierte Mann) im Tausch für ihre (oder seine) Bereitschaft, jemandes Lust zu befriedigen, eben nicht ihrer- (oder seiner-)seits Befriedigung kriegt oder auch nur wollen soll, sondern Geld.

Das letzte und beste, von ihren feministischen Adepten beiderlei Geschlechts nie richtig verstandene Wort hierzu stammt immer noch von Andrea Dworkin und bildet das gedankliche Rückgrat ihrer alle nachfolgende Auseinandersetzung mit dem Thema vorzeichnenden Arbeit »Pornography – Men possessing women« von 1979: Es geht, sagt sie, um die Darstellung nicht von Frauen als solchen, sondern von Huren. Schon die deutsche Übersetzung des Untertitels dieses hier 1987 im

»Emma«-Verlag erschienenen Buches unterschlägt Dworkins Scharfsicht: »Männer beherrschen Frauen« heißt es da. Herrschaft aber gibt und gab es auch in Gesellschaften, die keine kulturindustriell hergestellte und vertriebene Pornographie kennen oder kannten.

Das modern, eben kulturindustriell Relevante ist erst die Tatsache, daß gerade das, was Frauen aus traditionellen Sklavereiformen befreit hat, nämlich das ökonomische Unabhängigkeitsversprechen des »freien Marktes« für freie Handelssubjekte, auf dem selbst die Ehe vom heiligen Besitzstand des Patriarchen zum »Vertrag über die gegenseitige Nutzung der Geschlechtsorgane« wird, wie die berühmte Definition eines Aufklärers lautet, zugleich eine historisch neue Ausbeutungsfigur ermöglicht. Der vordergründig vom Mythos befreite Zustand, in dem es angeblich Wahlmöglichkeiten geben soll, erzeugt eine neue, subjektlos-abstrakte, scheinbar von niemandem verschuldete und von cleveren Männern und Frauen angeblich bloß unterschiedlich »genutzte« Form der Abhängigkeit.

Wie bitte, Neuzeit? Die Arbeitskraft kann frei verkauft werden, selbst die Geschlechtsorgane werden jetzt offiziell auf den Markt getragen? Fein, spricht das Patriarchat aus Milliarden Kehlen (mit Adamsäpfeln) unisono, wenn das so ist, dann sind uns ab jetzt eben alle Frauen, was vorher nur einige waren: Huren.

Wo keine Liebe, da auch kein Vertrag: Diese idealistische Idee der frühen bürgerlichen Epoche, von der noch heute hin und wieder ein vereinzelter romantischer Hollywoodfilm lebt – die meisten enden allerdings nicht mehr mit der Ehe –, erwies sich als ungeeignet, die neue Eigendynamik der Verwertung des Geldwerts der Arbeit von Huren lange aufzuhalten. Die Verschärfung des Angebots an käuflichem Schweinkram war nach jedem Liberalisierungsschub die Nachgeburt neuer Freiheiten, und inzwischen existiert ein wachsendes Subgenre sexueller Drastik, bei dem es nicht einmal mehr rudimentäre Handlungssequenzen zwischen den in Großaufnahmen von Genitalien und Gesichtern zerlegten Geschlechtsverrenkungen gibt.

In den zahlreichen, seit Anfang des neuen Jahrtausends viel Regalraum in Videotheken und Sex-Shops beanspruchenden »GGG«-Filmen aus München treffen sich Stars wie »Betty« und diverse andere Frauen sowie jedesmal mindestens ein halbes Dutzend gesichtsloser Männer nicht mehr im Café, am Arbeitsplatz oder am Strand, wie noch in den Pornos der achtziger Jahre, sondern gleich in Räumen, die wie Turnhallen oder leergeräumte beziehungsweise nur sehr spärlich dekorierte Diskotheken aussehen und nur dem Vollzug dessen dienen, worum es geht. Matratzen liegen da, mit Plastikplanen abgedeckt, und auf denen wird gevögelt, abgespritzt und uriniert, zwischen anderthalb und zwei Stunden lang. Sonst passiert gar nichts – nur das unerläßliche Authentizitätszertifikat wird den Vorgängen noch angeklebt. Es besteht aus »Interviews« mit den gevögelten, bespritzten und bepinkelten Frauen, meistens vor dem Film oder am Anfang desselben eingespielt.

Die hören sich dann an wie folgendes Gespräch mit »Betty« im Film »Alles für mich« –

INTERVIEWER: (aus dem Off) Wir mußten inzwischen hier neue Leitungen legen lassen, weil die Männer ... so viele Anrufe ...

BETTY: (Das Gesicht, lachend, deutlich geschminkt, ebenholzschwarzes, modisch geschnittenes Haar, füllt den Bildrahmen frontal) Ich weiß.

I: Mittlerweile glaub ich schon gar nicht mehr, daß das echt ist, was du alles schluckst.

B: Irgendwie versteh ich das nicht, man sieht doch, wie's reinkommt, oder? Mir schmeckt's doch, und ich brauche einfach nur echtes Zeug, echtes Sperma und echte Pisse.

I: Also die Pisse und Sperma is alles echt, das kannst du hier normal (oder: noch mal) unterschreiben?

B: Das kann ich bezeugen.

I: Ich auch, natürlich. Sag mal, Betty, wieviel Filme hast du bist jetzt gemacht?

B: Fünfunddreißig? Ja, also fünfunddreißig, wo ich mitgemacht habe, und jetzt sind's mittlerweile zehn, wo ich richtig die Hauptperson bin.

I: Und wir haben ja jetzt die ganze Geschichte mit der Pisse auf unser Label 666 verlagert.

B: Genau.

I: Damit die Schweizer nicht so'n großen Schock bekommen.

B: Die prüden Schweizer (lacht).

(In der Schweiz ist Urinpornographie rechtlich prekärer als in der Bundesrepublik, wo die GGG- und 666-Filme hergestellt werden, Anm. D.)

I: Ja, die Schweizer wissen ja nicht, daß man auch Pisse schlukken kann. Aber das macht ja nichts. Du hast immer noch Spaß am Dreh, nicht? Hat sich nichts geändert.

B: Im Gegenteil. Mehr, mehr, mehr.

I: Aha. Und wenn du jetzt mittlerweile so unterwegs bist, wirst du ja auch schon mal erkannt und mußt Autogramme geben.

B: Mhmhm.

I: Leider ab und zu holt dann mancher Fan auch mal seinen Schwanz raus und meint, du sollst ihn mal absaugen.

B: Auf der Straße is'n bißchen schwierig (lacht). Aber wenn sie herkommen, gern. Zum Dreh natürlich erscheinen.

I: Dann schon.

Und so fort: Im weiteren Verlauf dieser launig aufgedrehten Unterhaltung erfahren die männlichen Zuschauer, daß sie am Drehort »zuschauen und mitmachen« können, wenn sie wollen, und daß das früher zwar Geld gekostet hat, inzwischen aber Anmeldung, Bestätigung und das Erscheinen mit Ausweis und HIV-Test schon alles sind, was ein Fan braucht, um Betty bekleckern zu dürfen – eine ziemlich derbe Karikatur der Hippie-Idee von »freier Liebe« also, bei der »frei« einfach »gratis« heißt, obwohl es sich bei der Frau, um die es geht, nach wie vor um eine Hure handelt.

Das verschwiegene, aber allen bekannte Geheimnis in all der Explizitheit ist dieser ökonomisch determinierte, aber atmosphärisch unscharf gestellte Hurenstatus.[3] Er wird nur in indirekter Rede mitgeteilt. Über die ökonomische Tatsache ist symbolisches Schweigen verhängt. Das gibt es auch in anderen Symbolbezirken: Daß man die Druckerzeugnisse von Sekten manchmal umsonst erhält, bedeutet ja nicht, daß diese Organisationen keine Wirtschaftsunternehmen mehr sind, sondern nur, daß die Sektenmitglieder die kostenlose Abgabe von Werbematerial mit ihren eigenen Zuwendungen an den Verein und ihrer kostenlosen Arbeit deftig subventionieren, genau wie die Käufer oder Entleiher von über fünfunddreißig Betty-Filmen das Vergnügen der live Anwesenden. Surplus als Segen der großen Stückzahl lautet das Geheimnis, wie bei vielen Erzeugnissen weit fortgeschrittener, sehr abgeleiteter Ökonomien, die mehr produzieren als nur die Mittel zum sprichwörtlich nackten Überleben.

Die Illusion »Gratis-Hure« war freilich schon immer Bestandteil jeder Prostitutionsvereinbarung.

Man kaufte und kauft eine Macht, bei der, damit die Macht sich auch wie echte, unmittelbare, im tiefsten Grund: magische Macht anfühlt, nie ausgesprochen werden darf, daß sie geldvermittelt ist.

Früher haben das Ausdrücke wie »Käufliche Liebe« oder »Liebesmädchen« geleistet, die »Liebe« war dann der Magnetismus des Mächtigen. Aus dieser Verschleierung ist unter den Drastikgesetzen der modernen Pornographie eine sehr dünne geworden: Die nichtvorhandene Handlung, das Fehlen jeden Leidenschaftsektoplasmas bei der Gattenwahl, das reine, ausdauernde und in ewig langen Einstellungen abgehandelte Zur-Sache-Gehen ist gut ausgeleuchtetes Dementi des Mythischen an der Macht, reduziert sie auf die Gewalt der bloßen Gelegenheit: Da ist eine, die es braucht, der Stecher hat es, das Geschäft macht der Zuhälter beziehungsweise Filmproduzent. Wir brauchen nicht mehr herumzureden, jetzt ist Moderne.

Nicht nur im Splatterfilm und im Serienmörder-Roman, sondern auch in der Pornographie überwintert die Aufklärung so als etwas Harsches, das Vermittlung und Illusion durch Zuspitzung auflöst und zerstört.

Hier kann ich meine vorläufig-endgültige Definition hinschreiben: Was ist Drastik?

Der ästhetische Rest der Aufklärung nach ihrer politischen Niederlage.

Wenn Freiheit und Gleichheit unerpreßbarer, unbedrängter Menschen, die ohne Angst Verträge miteinander schließen können, nicht Menschheitswirklichkeit werden, bleibt trotzdem nicht einfach alles wie vorher, sofern sie einmal versprochen wurden. Die alten metaphysischen Tröstungen kommen nie zurück. Von ihnen bleiben nur Verwesungsprodukte, die sich mit den Fragmenten der zergehenden neuen Hoffnungen im Moment des Scheiterns einer großen emanzipatorischen Umwälzung zu Rätselbildern vermischen. Von ihren Zusammenhängen, den alten wie den neuen, stehen diese Bilder ab wie der Mensch im Museum des Übermenschen von seinem historischen Hintergrund: als Gelächter oder schmerzliche Scham, als Horror und Porno, Krach und komplett amoralisches Erzählkunstwerk.

Aus dem anthropologischen Dokumentarfilm, der die harten und rohen Existenzbedingungen von »Naturvölkern« festhalten will in der Erwartung, daß diese Menschen qua »Entwicklung« Anschluß an die zivilisierte Menschheitsfamilie und ihre Reichtümer finden werden, wird genau zu dem Zeitpunkt, da die »Dritte Welt« lernen muß, daß »Entwicklungshilfe« nicht hilft, weil die zivilisierte Menschheitsfamilie eine geschlossene Gesellschaft ist, der italienische »Cannibale«-Pseudo-Dokumentarschocker.

Aus den Provokationskunstwerken der »sexuellen Revolution« wird, als sich zeigt, daß es mit der Emanzipation der Sehnsüchte in einer Warengesellschaft für alle Essig ist, die sich das nicht leisten können, die Porno-Industrie.

Die Schlitzer und Spritzer, Menschenfresser und Spermaluder der Kulturindustrie sind nicht die legitimen Kinder irgendwelcher vorbürgerlicher Urtriebe, sondern die illegitimen der Vernunft. Sie sehen ihr nicht ähnlich, weil sie als Geburtstrauma die Wunden erben, die man der Vernunft durch fortdauernde unvernünftige soziale Praxis geschlagen hat. Ich fühle mich ihnen verbunden; Geschöpfe mit kaputten Eltern sollten zusammenhalten.

Fernsehen und Presse sehen das anders: Der Fortschritt sei doch gar nicht gescheitert, sagen sie, und das, was die Kulturindustrie produziert, sei nicht die Spur dieser Niederlage – die »sexuelle Revolution« zum Beispiel habe doch stattgefunden, und daß das Ergebnis häßlich aussieht, liege halt am Menschen selber, so sei er nun mal.

Selbst aus kritischer, sogar feministischer Ecke, vor allem im Rahmen sogenannter Diskursanalysen, hört man oft, es gäbe in den entwickelten Gesellschaften keine sexuelle Repression mehr. Die neuen Herrschafts- und Ausbeutungsverhältnisse seien irgendwie subtiler, ungreifbarer, mit unbewaffnetem Auge könne man sie nicht mehr erkennen, da bräuchte es schon die Foucaultsche Lupe.

Das alles ist nicht gescheiter als die idealistische Vorstellung der bürgerlichen Aufklärung, Gleichheit vor dem Gesetz genüge, um tatsächliche Freiheit aller Gesellschaftsglieder unmittelbar herzustellen. Vergessen hat man, daß Marx der bürgerlichen Gleichheit nicht vorgeworfen hat, sie mache noch nicht gleich genug. Er und Engels träumten nicht von blauen Ameisen im Mao-Dress oder stalinistischen Werktätigen-Armeen. Sie waren vielmehr der Meinung, daß die liberale Emanzipation ihr Ziel verfehlt habe: Die Gleichheit sollte im teleologischen Zeitplan der Aufklärer nur das rechte Mittel zur Freiheit sein, nicht der Zweck der Geschichte. Dank dem Fortbestand der privaten Aneignung des Mehrprodukts, dank dem Erbrecht, später den Aktiengesetzen, dank allen Eigentumsspielregeln der ganzen bürgerlichen Welt also, kann diese juristische Gleichheit das Mittel zur Freiheit aber nicht sein.

Denn jeder Nichtbesitzende, der Besitzenden bei Strafe der Verweigerung aller Teilhabe am gesellschaftlichen Reichtum gehorchen muß, bleibt unfrei, solange diese Verpflichtung besteht.

Die Sexualität ist nicht befreit worden, nirgendwo, der juristischen Gleichheit zum Trotz, modernes Scheidungsrecht hin oder her. Sie wurde nur in einigen hochkapitalistischen Gegenden von juristischen und emotionalen Zutaten getrennt, die ihrer Ausnutzung als Kaufkraftspender und Warenangebotsquelle in den sechziger Jahren des zwanzigsten Jahrhunderts noch im Wege standen.

Daß das so ist, wissen alle, die je ein sexuelles Problem hatten, dessen Lösung sie nicht bezahlen können. Erst recht jene, die an einem leiden, das man mit Geld rein gar nicht aus dem Weg schaffen kann: Es interessiert dann niemanden, es gibt keine Hilfe, keinen Schutz vor Krankheit, Angst und Einsamkeit.[4]

Freiheit kann für Menschen immer nur die allein durch Naturgesetze und die Rechte anderer eingeschränkte Verfügung über ihre menschlichen Potentiale bedeuten. Zu denen gehört die Sexualität, die bei Menschen mehr als bei allen anderen Tierarten ein *erlernter* Genuß ist. Sie zu befreien würde bedeuten, den Menschen aktiv, durch materielle Einrichtung der Gesellschaft, alle Angst- und Leidensquellen zu verstopfen, zu deren Verstopfung die Gesellschaft die Mittel hat.

Das ist nicht geschehen.

Jede dritte Frau, sagt eine vom Bundesfamilienministerium 2004 vorgestellte Studie, hat Erfahrungen mit sexueller Nötigung und Gewalt gemacht. Trotzdem hat nicht jeder dritte

Mann Probleme mit dem Gesetz deswegen – eine Schieflage selbst dann, wenn Nötigung und Gewalt in allen diesen Fällen wirklich die Schimären wären, als die der antifeministische Backlash sie seit Mitte der achtziger Jahre darstellt. Denn wenn all diese Frauen sich ihre Traumata nur einbilden, ist das gesellschaftliche Angst- und Unfreiheitsproblem dahinter eher größer, als wenn all diese Gewaltakte wirklich stattgefunden haben. Im einen Fall sehen wir uns als Gemeinwesen einem Riesenreservoir gestörter Männer, im andern einer gewaltigen Anzahl schwerneurotischer Frauen gegenüber.

Freie Menschen sehen anders aus.[5]

Sie haben alle Angst. Und sie haben Grund dazu, solange selbst diejenigen unter ihnen, die sich in liberalsten Gegenden der Erde in einem Alter befinden, das für sexuelle Erlebnisse die besten Voraussetzungen stellt, so leben müssen wie von der Pest bedrohte, unwissende Hinterwäldler im schwärzesten Mittelalter.

Man liest das und macht sich selten klar, was es bedeutet: Jede und jeder dritte junge amerikanische HIV-Infizierte weiß nicht einmal, daß er oder sie infiziert ist, die Hälfte der jährlich neu mit Aids Infizierten im größten kapitalistischen und bürgerlich-demokratischen Flächenstaat der Erdgeschichte ist jünger als fünfundzwanzig Jahre. In Afrika steht es entsprechend schlimmer.

Wer diese Konstellation aus Leiden und Unwissenheit nicht als beherrschendes Moment direktester, brutalster Unterdrückung menschlicher Potentiale begreift, wer das Virus also für ein Naturereignis auf dem Mars hält statt für ein gesellschaftliches Problem, das es so lange bleiben wird, wie keine anderen Maßnahmen gegen seine Verbreitung eingeleitet werden als jene, die mit den Profitzielen der Pharmaindustrie harmonieren, sollte über die »Repressionshypothese« (Foucault), über Aids und auch über Pornographie schweigen.

Nicht zugänglich werden Schwätzer, die diese Dinge ignorieren, jedenfalls der These sein, daß man in pornographischer Drastik genau die Körperbilder findet, die solchen Angstzeiten die natürlichen sind, weil Drastik ebendie kulturindustrielle Form ist, die das Selbstwunsch- und -angstbild von modernen Menschen annimmt, wenn die sozialen Versprechen der Moderne nicht eingelöst werden, genau wie Mystik ebendie Form ist, welche die Religion annehmen muß, wenn die soziale Wirklichkeit der Gläubigen von »Erlösung« am weitesten entfernt ist, wie die meisten einschlägigen Zeugnisse etwa aus dem Hochmittelalter eindrucksvoll belegen. Daß Drastik auf diesem verqueren Weg an das Versprechen der Aufklärung erinnert, man könne den Dingen ins Auge sehen, wie sie sind, ist ihre erhebende Seite und die Quelle des ästhetischen Genusses ihrer besseren Produkte. Daß sie nicht ausspricht, woran es liegt, daß das Versprechen »die Wahrheit wird euch frei machen« nicht eingelöst wird, ist ihre verschleiernde Seite, auf die sie nicht verzichten kann – sonst wäre sie ja keine Kunst, die bekanntlich Bilder, Töne, Texte und Vorstellungen liefert, nicht Gründe.

Drastik ist damit nachmythologisch, ohne antimythologisch zu sein, ist formalisierte Vernunft als Ästhetik innerhalb einer inhaltlich unvernünftigen Gesellschaft, ist der Positivismus von Schrecken, Geilheit, Macht und Ohnmacht. Ratio setzt auf Kausalität und Determinismus statt auf Wunder und Mysterium, also zeigt Drastik, daß die Dinge Folgen haben (die

Glasscheibe im Auge, der Samenerguß). Ratio ist materialistisch, also befaßt sich Drastik mit der Materie selbst: Blut, Sperma, Pisse. Ratio setzt Zweck-Mittel-Relationen selbst im sogenannten »zwischenmenschlichen Bereich«, also verdinglicht Drastik Frauen zu Huren, Körper zu lebenden Leichen.

Noch einmal – genau das ist es, was man genießt, das ist die vielbeschworene »Abstumpfung«: Man genießt, daß man das Schlimmste aushält (Splatterfilm) oder den Rauschzustand des Sexuellen selber auslösen, abbrechen, vor- und zurückspulen oder anhalten kann (Pornographie).

Jede Drastiksozialisation beginnt mit Übungen der Selbstbeherrschung, als Mutprobe beim Anschauen des ersten Gedärme-Films oder als Einführung in die Onaniepraxis mit Pornos. Deshalb reden beide Lesarten der Drastikrezeption im liberalen und im konservativen öffentlichen Diskurs darüber ins Leere, die Schulen »sozialethische Desorientierung« und »kathartisches Ventil«. Beide behandeln die Leute, die sich das Zeug antun, als Trivialmaschine mit von außen behavioristisch beschreibbarer Input-Output-Relation, statt als Willens- und Vernunftsubjekte, die sich ihre Hornhaut mit Bedacht züchten.

Wir sind beinah am Ziel.

Dem Zugriff meiner Argumente, die ich hier, Dir zum zweideutigen Geschenk, endlich einmal systematisch darstellen wollte, statt wie in den Zeitschriften, Zeitungen und Büchern nur à propos wichtiger Einzelheiten auf Fragmente davon zu sprechen zu kommen, entziehen sich aber noch immer zwei wichtige Gründe: das persönliche Geheimnis und das allgemeingültige Bild, die beiden Momente, ohne die alles hier ungesagt geblieben wäre. Vielleicht kann man das Bild nur schildern, nicht erklären, und das Geheimnis nur gestehen, nicht einordnen.

Das Bild:

Die von Gespenstern und Zombies heimgesuchte Lisa Merril (Catriona McColl) trifft in Lucio Fulcis »L'Aldilá«, meinem liebsten drastischen Film, auf der Autobahn an der Meeresküste plötzlich auf die blinde Emily (Sarah Keller), und deren Augen sind weiß wie die Augen von Lots Frau, als die sich umgedreht hatte und zur Salzsäule erstarrt war; ohne Iris, ohne Pupille. Eben noch fuhr Lisa die gerade Straße entlang, vor ihr nichts, hinter ihr auch nichts, und plötzlich steht da mitten auf der Straße dieses Gespenst der toten Hellsichtigkeit, bleicher Schatten der verrückt gewordenen Vernunft.

Eine Blinde mit Blindenhund, deren salzweiße Augen ebenso gut auf den totalen Weltverlust des Wahns wie auf die engelhafte Reinheit der wirklich Unschuldigen hindeuten könnten. Bei Fulci aber sind sie, in diesem Film und in jedem anderen, in dem er den Effekt je benutzt hat, Zeichen dämonischer Besessenheit.

Das Geheimnis:

Nein, es geht noch nicht. In der Nähe von Argumenten fühlt es sich nicht wohl, will es sich verhüllen. Ich bin müde, nicht nur vom Briefschreiben, sondern von diesem ganzen unmöglichen Beginnen, auch von Pauls letztem Anruf, den ich, begierig, ihn hier einzubauen, natürlich auch wieder auf Band aufgenommen habe. Was ist aus mir geworden? Ein paranoider Spinner, der seinem eigenen Gedächtnis noch mehr mißtraut als der Welt.

Die Zeit kommt bald, dann will ich die »absurde Pointe

der Ballade von David und Sonja« verraten, wie Paul das damals nach dem Klassentreffen genannt hat.

Jetzt aber bin ich zu erschöpft von dem, was war, als wir uns wiedergesehen haben, und dem, was nicht war. Selbstsucht will Dir was ganz anderes aufschreiben: Komm her zu mir, leg mir die Hände auf die heiße Stirn und sag, auch wenn's gelogen ist: Es wird alles gut werden; denn dann will ich das gern glauben.

Ich bin auseinandergebrochen, links Argumente, rechts Bilder, in der Mitte Erlebnisresiduen aus lauter Gefühlsquatsch, und ich weiß, daß Du, obwohl wir einander seit dem Klassentreffen nicht begegnet sind, eigentlich alles Wichtige über mich weißt, vor allem, daß ich erst nach Hause kommen werde, wenn ich ganz alleine und ganz verzweifelt bin.

Ich glaube, daß nicht alles so werden kann, wie Du glaubst, daß es sein müßte, und daß jedesmal, wenn ich versuche, das Objektive und das Privateste ohne Schutz und Scheu und Vorwand zusammenzudenken, das alles bloß wieder über mir einstürzt. Aber wenn Du mir sagst, daß Du nicht aufgibst, daß Du so bleibst, wie Du auf diesem Treffen warst, dann glaube ich auch daran.

Mach mir die Tür auf, laß mich Dein Gesicht sehen. Wenn es endlich anders würde, müßte ich nie mehr fort.

Sonja, ich bin so bleischwer heute nacht, inmitten von Lügen.

D.

Brief über Paul und Nicole

Liebe Sonja,

Vielleicht hat Paul recht. Er schläft nebenan, auf der Couch. Das Buch über Kranke, das er dabeihat, liegt aufgeschlagen auf seinem Bauch. Der Mund steht ihm halb offen, gleich wird er sabbern. Nicht ganz das Bild also, das ich mir von jemand machen möchte, der recht hat – es könnte aber sein, und das wäre ...

Na, ich weiß nicht.

Anders als beim Telefonieren zeichne ich Gespräche unter vier Augen, wie wir zwei alte Männer – er hat so alte Augen und ist doch erst Mitte Dreißig, ich sehe in ihnen, daß meine wohl auch schon ganz schön alt sein müssen – sie heute abend bis in den schwersten Suff geführt haben, noch nicht mit dem Bandgerät auf.

Mein Zustand verlangsamt mich ein bißchen beim Tippen. Und wenn schon. Ich muß aus dem Gedächtnis aufschreiben, was er gesagt hat.

»Weißt du was? Mit der ganzen Drastikscheiße und dieser Theorie drumrum versuchst du, ihr klägliche mildernde Umstände für eine absolut unentschuldbare Geschichte zu liefern, die du noch nicht mal aussprechen kannst. Deine düstere Psychose, Junge, weißt du, die ganzen Jahre nach dem Abgang aus dem Städtchen, weil du, pardon, ihr Gesicht nicht mehr sehen konntest, nicht? Ich weiß es noch, man hat's dir angesehen, wir haben ja alle mitgelitten, glaub's nur: auf dem Gang, im Klassenzimmer, jeden Tag. Und jetzt machst du eine Theologie der starken Lebens- und Kunstmomente draus, schreibst von ihren Verletzungen, den körperlichen wegen des Unfalls und den anderen, die du nur erraten kannst. Dabei liegt bei dem Ganzen, bei dieser endlosen furchtbaren Geschichte, genau das Gegenteil von dem vor, weißt du, was du Drastik nennst: Ein ewiges Ausweichen, ein Eiertanz. Deine ganze Nichtbeziehung zu dieser armen Frau in deinem kaputten Kopf lebt nur davon, daß du sie noch nie geküßt hast, nie im Arm gehalten oder sonstwie angefaßt, und daß sie dir andererseits nicht mit völliger Abweisung auf deine Schmachterei geantwortet hat, sondern mit mindestens zwei interessanten Signalen, die den Quatsch nähren, allerdings mehrere Jahre auseinanderliegen und deren zweites, eindeutigeres, auf dem Klassentreffen, du zu nichts weiter gebrauchen konntest als zum Abhauen, zum totalen Rückzug.«

»Heißt?«

»Das heißt, Dickkopf, es ist eben nicht wie die ›drastischen Momente‹ in diesem Ding hier«, und dazu wedelte er mit den Ausdrucken aller bisherigen Briefe, die ich ihm zum Lesen gegeben hatte, »von wegen, ihnen ist, äh, wie steht das da, irgendwie implizit, daß sie Folgen haben, daß sie einen Ausschnitt aus dem Universum der extremen Kausalität bieten, gleichzeitig den Kontext zersetzen, scharf eingestellt sind, und man hält das aus, man ist aufgeklärt. Sondern bei euch zwei beiden armen Hunden ist alles ohne Folgen, ausgefranst, nichts deutlich, und aushalten kann ich es auch bald nicht mehr, dieses ewige: Will er sie, will sie ihn, weiß sie das, weiß er das, kriegen sie sich, kriegt er den Rappel … Du mußt aufhören, das alles in der Spekulation auszutragen. Du mußt dir was Wirkliches einfallen lassen, und das dann auch machen. Nicht immer bloß tippen und schmauchen und spinnen.«

Ich fürchte, ich habe darauf pampig reagiert – was denn

bitte »was Wirkliches« für ein Spuk sein soll, im angeblichen Gegensatz zum Gedachten, und das ausgerechnet bei so einer Geschichte, wo doch Sex beim Menschen, bei keinem anderen Viech, übers Hirn, übers Vorstellungsvermögen läuft.

»Was Wirkliches«, hat er zu meiner Überraschung bitter lächelnd drauf erwidert und sein halb volles Whiskyglas mit einem Schluck geleert, »ist diese scheußliche Geschichte mit Nicole.«

Ich wußte nicht mal mehr, wer das war, Nicole, hatte aber trotz beginnender Alkoholumnachtung noch genügend Anstand, das zumindest zuzugeben.

Die Tochter des Bauern, erinnerte er mich.

»Die Schwachsinnige?«

Das rutschte mir so raus.

Ich war nicht vorbereitet auf den Ausfall, der folgte – Paul schlug mit der flachen Hand auf den Tisch, daß die Flasche kippelte und die Gläser klirrten: »Herrgott, du bist wirklich ... es gibt nichts auf der Welt für dich außer diesen ganzen schwülen Wahnvorstellungen, was? Alle andern Menschen sind ... Mann, so warst du damals schon, weißt du. Ich dachte, mit den politischen Geschichten könnte man dich davon runterbringen, vielleicht daß du mal so was wie solidarisches Verhalten lernst oder, ich weiß auch nicht, auf einer höheren Stufe ein einigermaßen zurechnungsfähiges Individuum wirst, nicht so ein asozialer, mit aller Welt zerfallener ... Sie ist nicht schwachsinnig. Kein Stück.«

»Bitte?«

»Die kümmern sich nicht um sie, das ist alles – sie hat ... ich weiß auch nicht, irgendeine von diesen Krankheiten, die man jetzt dauernd findet bei Kindern, Aufmerksamkeitsdefizit, Hyperaktivität. Diese ganzen Zivilisationsmalaisen sind auch so ein Ergebnis deiner nicht verwirklichten Aufklärung –

ich habe ... ich bin zu Chris gegangen, den du immer den Wikinger genannt hast, er ist ...«

»Er ist jetzt Neurologe in Lörrach« – damit will ich ihm beweisen, daß ich zumindest mitkriege, was unsere Leute inzwischen so machen, daß ich also nicht, wie er unterstellt, völlig gegen jede Art Erfahrung abgedichtet bin mit meinen Obsessionen – dem Schreiben, der Drastik und Dir –

»Ja, und der tippt ... ich habe ihm das alles geschildert. Wie sie redet, diese Mischung aus Dialekt, Hochdeutsch aus dem Fernsehen – sie sitzt viel vor dem Kasten – und erfundenen eigenen Wörtern – sie nennt ihre lästige Schwester ›blöde Suh‹, das ist so eine Art Verdichtung aus blöde Kuh und Sau.«

»Ein Portmanteau-Wort.«

»Hä?«

»Wie bei Joyce, in ›Finnegans Wake‹, oder beim Arno Schmidt, diese Etyms.«

»Von mir aus. Zum Sonntag«, er lächelt, schüttelt den Kopf, reibt sich die rechte Wange mit den sexy Stoppeln dran, »sagt sie ›Kirchstalltag‹, weil ...«

»Weil sie da mit ihrer Familie in der Kirche stehen muß wie die Kühe im Stall?«

Er lacht: »Genau. Und dann sagt sie ... wenn wir ... wenn wir knutschen, fragt sie immer: ›Willsch Freundinsex?‹ Das ist ein Wort, für sie: Freundinsex, weil sie meine Freundin ist.«

Ich bin fassungslos: »Paul, sag mal, spinnst du jetzt? Du treibst ... du hast was mit der behinderten Tochter von deinem Wirt? Ich weiß gar nicht, wie ich das nennen soll, Unzucht mit ... Vertrauensvollen oder ähm ...«

Er schüttelt heftig den Kopf, schenkt uns beiden nach, schüttelt den Kopf noch mal. Die Gedanken wollen aber offensichtlich nicht so hinfallen im Denkmikado, wie er das haben will, er ordnet sie also noch einmal, durch erneutes Schütteln. Fordert mich mit einem Blick auf, mein Zeug runterzukippen, und erst als ich das getan habe, redet er weiter: »Sie ist nicht behindert. Chris sagt, es könnte ... es könnte das Asperger-Syndrom sein.«

»Das was jetzt?«

»Eine Art milder Autismus, die ...«

»Autisten? Autisten wollen und äh gewähren doch keinen äh Freundinsex, das ist ja ...«, maule ich rein, aber er weist mich zurecht: »Erstens hast du nicht genug Ahnung, ich übrigens auch nicht, um das zu wissen. Zweitens ist dieses Asperger-Ding kein Nullachtfuffzehn-Autismus, sondern eine Art Sozialverhaltensstörung, die ... Es paßt alles, was der Wikinger sagt: die Gesten, das Unbeholfene, Linkische, der manchmal starre Ausdruck, und das mit den selbsterfundenen Wörtern und dem sehr guten Gedächtnis ... Sie haben sie lesen lernen lassen, das immerhin. Nicole hat sogar den Hauptschulabschluß, aber normalerweise kommen Leute wie sie danach nicht mehr viel mit Lektüre in Kontakt, und trotzdem hat sie mir neulich ... ich hab neulich die Bild-Zeitung liegenlassen, in der Küche, und abends saß ich am Weiher, einfach so zum Füße ins Wasser Tauchen, da kam sie zu mir, und wie ich sie ...«, er lacht wieder, aber ein bißchen traurig, »wie ich sie frage, was sie heute erlebt hat ... erzählt sie mir wortwörtlich die erste Seite der Bildzeitung runter, inklusive Lottozahlen und Anzeigen für irgendwelche Filme. Das heißt«, er runzelt die Stirn, als wäre er nicht sicher, ob ich ihm folgen kann, »ich bin, weiß es ja nicht genau, wie könnte ich, hab mir ja nicht selber jedes Wort gemerkt, das da stand, aber im Prinzip ...«

»Im Prinzip ist es unwahrscheinlich, daß das ... das Mädchen ...«

»Sie heißt Nicole.«

». . . sich die erste Seite der Zeitung extra ausdenkt, um dich am See damit . . .«

»Zu unterhalten, ja.«

»Aber wenn du Sex . . .«

»Das mit dem Sex ist ihr Ausdruck«, wehrt er ab, ein bißchen ärgerlich jetzt, »ich schlafe nicht mit ihr oder so was . . . wir küssen uns und streicheln uns ein bißchen, das ist . . .«

». . . alles?« Ich finde es sehr fragwürdig und lasse ihn das merken.

Er beugt sich vor, seufzt: »Mann, ich weiß doch auch nicht . . . aber . . .«

»Nein«, jetzt werde ich albern streng, trotz schwerer Zunge, »du weißt nicht, ob sie eigentlich wirklich einwilligt in diese Beziehung und ob sie weiß, worein sie da einwilligt. Du weißt gar nichts.«

Er deutet auf meinen Schreibtisch, da liegt eine GGG-DVD: »Du mußt mir was erzählen, weißt du, wo du DVDs mit Titeln wie, äh: ›Unschuldig, erniedrigt, vollgesaut‹ auf dem Schreibtisch liegen hast – auf dem Schreibtisch, mein Junge!«

»Das ändert nichts. Der Punkt ist, daß du nicht weißt, ob sie überhaupt konsensfähig . . .«

»Hör mal«, jetzt verteidigt er sich nicht mehr, sondern wird wieder offensiver, »es geht doch alles auf – ich habe mit ihrer Mutter gesprochen, weißt du, und mit . . . dieses Aspergerzeug ist eine reale Möglichkeit, ich meine – in der Kindheit motorische Schwierigkeiten, dann hatte sie lange so einen Tic mit den Sternen, eine wahnsinnige, systematische Faszination: Sternbilder, hat das immer gemalt und . . . also, solche Tics sind halt ebenfalls typisch für Asperger . . .«

»Und wenn es das ist? Was heißt das?«

Sein Gesicht wird rot, er ist wütend: »Was das heißt? Das heißt, daß diese Deppen einen Menschen verkümmern lassen in ihrem Kuhdorf, daß sie nicht belämmert ist, sondern bloß anders drauf als ihre wirklich belämmerten, nämlich bäuerlich stumpfsinnigen Geschwister. Das heißt, daß man lauter hilfreiche Sachen dringend hätte tun sollen: sie zu Gruppen schicken, mit ihr reden, kooperative Spiele mit ihr spielen, Sprachpragmatik üben. Verstehst du? Man hätte ihr beibringen können, wie man Fehler korrigiert und wann man andere nicht unterbricht und wie man das Thema wechselt, weil bei ihr ist das jetzt alles sprunghaft und ... und völlig verbildet, weil ...«

»Sag mal, Paul, ohne daß du mir gleich die Zähne raushaust – ist das jetzt *deine* Obsession, deine Wahnphantasie? Das gefallene Aspergermädchen retten?«

»Sie heißt Nicole«, er schaut trotzig auf den Boden, »nicht Aspergermädchen.«

»OK, also ... sie ist für dich ... was genau?«

»Sie ist ...«

Er denkt nach, denn so einfach scheint das nicht zu sein. Dann sagt er: »Ihre Art ... ich habe noch nie jemanden ... Sie ist individualistisch bis zum Starrsinn, sie sieht durch Zumutungen einfach durch. Bewegt sich keinen Millimeter, wenn der Alte sie anschnauzt, hat ihren eigenen Kopf und folgt ihm auch. Sie will ... manchmal denkt man, sie sieht niemanden, und dann wieder macht sie ihre Witze, ohne Lächeln, aber ich habe inzwischen rausgekriegt, wann man ... wann sie uneigentlich redet, wann sie nicht einfach meint, was sie sagt. Freundinsex zum Beispiel: Da bietet sie was an, aber eigentlich will sie was, möchte sie, daß man ... sie merkt vielleicht gar nicht, wie das ... was sie mit mir macht, aber es ist halt eine Art Abkommen, sie weiß, daß ich sie dann auch anfasse oder ihr ins Ohr puste oder den Hals küsse, und so bereitet sie das vor, indem sie sich zu mir setzt, mir die Hand an die Wange legt oder … Nicole ist zärtlich auf eine ganz klare, irgendwie kühle Art. Nicht kühl wie Eis, mehr wie Regen, verstehst du das?«

Paul als Dichter, meine Güte.

Das muß das erste Mal gewesen sein, daß mir in dem Vierteljahrhundert, seit ich ihn kenne, so etwas begegnet ist. Ich lache vorsichtig, er winkt ab: »Na ja, und sie geht nicht gern in die Stadt, ins Städtchen, bleibt auf dem Hügel, weil sie … empfindlich ist gegen bestimmte Geräusche, auch im Haus: Küchenmaschinen, oder das Mofa ihres älteren Deppenbruders, da fährt sie zusammen, und dann … jedesmal, wenn sie erschreckt, kriege ich diese irre Wut, dieses Bedürfnis, den Bruder oder den stumpfen Alten zu erschlagen, das Haus abzubrennen …«

»Du willst sie wirklich rausholen, hm?«

Er schnaubt: »Pffah, nichts dergleichen. Ich mein', dann müßte ich … ein sinnvolles Leben anfangen, oder? Geld sparen, einen Ort zum Wohnen haben, statt als Untermieter bei … denen, oder im Hotel, und könnte nicht mehr von der Hand in den Mund leben. Weißt du, mein Sparkassenberater haßt mich: Mal habe ich fünfzigtausend Euro auf dem Konto, dann reise ich wieder rum oder kaufe mir den neuesten stahlgepanzerten Superlaptop, dann beanspruche ich ein halbes Jahr den Dispo bis kurz vor Bodendurchbruch, einfach, um mich durchzuschlagen … Schöne Sachen hast du ihr da geschrieben, von wegen, daß du nicht denkst, ich wäre gescheitert«, er klopft mit dem Knöchel auf den Ausdrucken herum, »aber das ist natürlich alles Kokolores. Schönfärberei. In Wirklichkeit bin ich noch nicht mal auf dem Spielfeld, wie könnte man wissen, ob ich verloren habe?«

»Du hörst dich an wie ein Fatalist«, lalle ich, »kenn ich von dir nicht.«

»Bchh«, prustet er bloß, »immer noch besser als ein Nihilist, oder? Weißt du ... Es geht bei deinem Drastik-Kram doch in Wirklichkeit ganz anders um Aufklärung, als du meinst: Pornos und Metzelkunst sind Inszenierungen von, wie heißt das bei Freud: ›Triebschicksalen‹ – sie stellen dar, was die Welt bewegt, Liebe, Haß, Gier, Mordlust, und das Tröstliche im Sinne von Aufklärung daran ist, daß die Welt sich hier überhaupt noch bewegt. Denn im Apokalypsenkapitalismus, an den wir uns gewöhnt haben, tut sie das nicht mehr. Jedenfalls nicht so, daß man noch glauben könnte, das alles wäre von irgendeinem gesteuert. Wo ist denn die Intelligenz, das Wesen, das steuert – wo sind die Teufel und Engel? Es gibt doch längst keinen fetten Kapitalisten mehr, den man dem Gesicht nach erkennt, es sind Aktiengesellschaften, die ... das Kapital, das man rein rechnerisch braucht, um noch irgend etwas zu finanzieren, was aus Geld mehr Geld machen kann, ist so riesig geworden, wegen der Größe der Industrien selber, hat sich folglich so sehr konzentriert, daß auch Kapitalisten nicht mehr als einzelne handeln, sondern in Aufsichtsräten von Megakonzernen, als austauschbare Figuren – das bürgerliche Individuum, das am Anfang der Aufklärung steht, das sie auch vollbringen und dem sie nützen soll, der Mensch, von Affekten bewegt, mit Liebe und Haß gesattelt, die man an seinen Taten erkennen kann, der Kerl, von dem Spinoza[1] glauben konnte, daß er eine ordentliche Vernunftethik gebrauchen kann, über den er geschrieben hat, daß ›sein Wille nicht eine freie Ursache genannt werden‹ kann, ›sondern allein eine notwendige‹, und daß man

›unter dem Zweck, um dessentwillen‹ er etwas tut, ›Trieb‹ versteht und daß Ethik für so ein Wesen heißt, sich selber zu erhalten, weil es von Gott dazu verpflichtet ist, und daß für es die ›Erkenntnis des Guten und Schlechten nichts anderes‹ sein kann als ›ein Affekt der Freude und Trauer, insofern wir uns seiner bewußt sind‹ – ja, ich kann den Kram auswendig, na und, ist ja nicht die BILD-Zeitung, darf man schon mal auswendig können. Also, diesen Menschen, den versucht deine Drastik vulgärmaterialistisch am Leben zu erhalten, löst äh ›Freude‹ in extrem triebhafter Form aus, nämlich als Geilheit, und Trauer ebenfalls, nämlich als Entsetzen, um dem Subjekt noch einen Rest von gewußtem Zweck, von Sinn, von einer richtigen Welt mitzuteilen.«

Mir fällt, wie immer, wenn Paul mal einen seiner profilierten Welterklärungshämmer plaziert, keine Erwiderung ein. Ich muß aber auch gar nichts sagen, denn nach ein, zwei Minuten völliger Versunkenheit fährt er fort: »Deswegen schreibst du das alles auch an Sonja. Sie hat für dich diese Rolle. Sie ist dein geträumtes Transzendentalsubjekt: Wenn sie dich will, bist du erlöst, solange sie dich nicht will, bist du verdammt. Du ziehst die äh … Subjektgeschichte der letzten zweihundert Jahre in einem Mädchen voller Narben zusammen, das es längst nicht mehr gibt. Du vergißt eine Frau, die längst erwachsen geworden ist und dir deshalb auf diesem Klassentreffen damals die einzigartige Chance …«

»Und du? Deine Nicole?« Jetzt werde ich aufbrausend, ohne genau zu wissen, wieso. »Ist das deine patentierte Paul-Ironie, daß du dir als Subjekt für *deine* mittelpunktslose Geschichte eine Intelligenz setzt, von der man nicht mal weiß, ob sie überhaupt eine ist und nicht vielleicht doch schwachsinnig?«

Zu meiner Überraschung schimpft er nicht zurück, sondern starrt sinnend eine Weile auf die Tischplatte und sagt dann leise: »Man kann es gar nicht wissen. Intelligenz. Was soll das sein? Du weißt es nicht, weil es dich nie interessiert hat, aber ich bin nicht einfach von der Uni weg und habe aufgegeben. Ich hatte Forschungsideen, mein Freund. Projekte. Ich habe jahrelang versucht, unabhängig drüber zu arbeiten: künstliche Intelligenz, Semantik, Intentionalität. Den Knall haben viele in meinem Fach. Stephen Wolfram zum Beispiel, der Erfinder von MATHEMATICA – das ist das gebräuchlichste Programm für mathematische Computeranwendungen –, also dieser Typ ... der ist besessen von zellulären Automaten, das sind so Rechenvorschriften, die ...«

Ich weiß, was das ist, und sage es ihm, beleidigt: »Ja, ›A New Kind of Science‹ – er bildet sich ein, gezeigt zu haben, daß es einfache Rechenvorschriften gibt, die nach zwei, drei Wiederholungen Ergebnisse von hoher Komplexität hervorbringen, die sich mit keiner Gleichung vorhersagen lassen, und daß das Ablaufen solcher Programme in manchen Fällen sogar überhaupt mit nichts beschreibbar ist, das einfacher wäre als eben die ablaufenden Programme selber ...«

»Irreduzibilität, genau. Und daraus folgert er, daß wir, wie sein von dir zitierter Buchtitel sagt, eine neue Sorte Wissenschaft brauchen, die als entscheidende Reduktions- und Erklärungsressource nicht mehr die Gleichung, sondern das entsprechende dynamische Programm sucht, um Naturvorgänge zu modellieren. Und daß diese Vorgänge also nicht mit etwas Kontinuierlichem, nicht mit, ich weiß nicht, von mir aus: der Infinitesimalrechnung, sondern mit diskretem Ablauf von Schritten am besten erfaßt ist ...«

Ich nicke. Er wischt das Gesagte mit großer Armbewegung weg und sagt: »Aber selbst wenn, pff ... auch wenn man das

Universum auf die Art besser beschreiben kann, in höherer Auflösung, adäquater, praktischer, was weiß ich: von Gottesbeweisen und anderen Leibnizschen Anwendungsprogrammen für solche metaphysischen Ideen ist man immer gleich weit weg, in einer Welt, in der das Maß aller Dinge, der Mensch, selber seinen Subjektstatus verliert ...«

»Stephen Wolfram ist Spätmarxist?« witzele ich.

»Nö, aber er steht so eindeutig vor dem Rätsel der neuerdings ausgedünnten Subjektivität, als ob er einer wäre – an denjenigen Stellen seines Buches, wo es um die Frage der Relevanz seiner Entdeckungen und Theorien fürs Forschungsfeld ›Künstliche Intelligenz‹ geht, wird es auf einmal schokkierend ... wie sagst du? Fatalistisch? Wie definieren wir, fragt er sich da, Intelligenz unterm Vorzeichen des Wolframschen Prinzips der ›computationalen Äquivalenz‹ zwischen Naturvorgängen und Programmabläufen? Natürlich als die Fähigkeit, als das Potential, komplexe Berechnungen willkürlich durchzuführen. Aber was heißt nun wieder willkürlich? Komplexe Berechnungen können nichtbiologische Systeme auch durchführen, die ganze Welt tut das, wenn Wolfram recht hat. Unser Unterscheidungskriterium, ob etwas willkürlich passiert oder nicht, denkt er sich, ist wesentlich empirisch: Man braucht eigentlich ein Wissen über den Hintergrund, die Gesamtheit der menschlichen Kultur und Zivilisation und der ihr logisch vorgängigen biologischen Evolution, einen Begriff von Mangel, den biologische Systeme ausgleichen müssen, einen Begriff von dem diesen Mangel jeweils anzeigenden Trieb, von Ziel, Zweck als gesetztem Triebanspruch schließlich denkender biologischer Systeme. Das Buch sagt und, na, ich finde schon: beweist zwar, daß nichts Kompliziertes nötig ist, um komplizierte Berechnungen durchzuführen und anzustoßen – aus einfachen Regeln, wie bei den zellulären Automaten, entsteht immer wieder komplexes, nicht vorhersagbares Verhalten. Zu dem gehört aber eben, unterm Aspekt der Information betrachtet, auch die Sprache, die Mathematik, Puzzles, der ganze Zirkus rund ums Lernen und Erinnern. Also sagen wir mal: Abstrakte allgemeine Repräsentationen von Daten in kulturellen Kontexten zwecks Erreichung von Zielen, die sich aus einem Mangel ergeben? Ist das Intelligenz? Klingt klar und handlich, aber sobald man über diese Dinge nachzudenken versucht, indem man sie aus dem menschlichen Kontext entfernt, wird alles schnell viel unklarer, vor allem schnell zirkulär, das heißt, diese Definition von Intelligenz braucht verabredete Codes, um sie zu erkennen, so was wie Kultur. Die Definition von Kultur, die dabei mitläuft, verläßt sich aber wiederum heimlich auf eine implizite Bestimmung dieser Kultur als etwas von intelligenten Urhebern und Trägern Gemachtes. Eine funktionierende Bestimmung dessen, was wir unter Intelligenz verstehen, wird am Ende, sagt Wolfram, nicht ganz einfach von einer Aufzählung dessen zu unterscheiden sein, was Menschen normalerweise tun.«

»Das heißt, Vernunft ist ein Vorurteil nach dem Bild der kulturellen Gewohnheit.«

»Nein, aber auch keine unhistorische Essenz der *conditio humana*. Eine Arbeitshypothese halt – die beste, die wir haben, die einzige, die irgendwelche greifbaren Ergebnisse erzielt, und wenn man sie uns wegnimmt, wenn unsere eigenen Entscheidungen keine Wirklichkeit mehr schaffen oder verändern, dann suchen wir sie woanders – in der Kunst, oder bei einem Mädchen mit Narben ...«

»... oder mit Asbach-Uralt-Syndrom.«

»Voll lustig, David. Weißt du, was du tun solltest?«

Er sinkt, da er das sagt, langsam zur Seite aufs Sofa. Das soll mir wohl bedeuten, daß er jetzt gleich einschlafen wird: »Du solltest dich ein paar Stunden hinhauen und ihr dann den Brief schreiben, den du ihr eigentlich schreiben willst. Den Brief, den diese ganzen anderen Lappen hier«, er greift noch einmal den Stapel mit den Ausdrucken, wedelt damit, legt ihn wieder hin, »nur andeuten. Weil du den Sachverhalt zwar einkreisen, aber nicht anschauen willst. Du weißt schon: Was du tun wolltest, wie fertig du warst, wie verrückt, und wie sie das verhindert hat, durch die größte denkbare … Überraschung … eine Art auf dem Kopf stehende Enttäuschung oder wie man … das … mrrghlmm … nennen soll …«

Er gähnt und schließt die Augen.

Ich setze mich an den Schreibtisch, tippe diese Zeilen und werde jetzt den Rat befolgen, den er mir gegeben hat: ein paar Stunden, und dann der nötige Brief, der entscheidende.

D.

Brief über ein Nichtverbrechen

Liebe Sonja,

Fingerabdrücke auf einem zerbrochenen Tablettenröhrchen: das bekommt man zur Strafe fürs Zurückschauen, mehr nicht, geschweige Einsichten. Ein Wort genügt: schuldig.

Das bin ich nämlich, obwohl ich schließlich doch nicht getan habe, was ich vorgehabt hatte. So funktioniert hier, zwischen dem, was wir waren, und dem, was wir später wurden, die Symmetrie: Damals, im Schwimmbad, habe ich etwas getan, wovon ich nicht wußte, was es bedeutet, später dann habe ich etwas gewußt, aber dafür nichts getan, in beiden Fällen wurde ich schuldig gegen Dich. Soll ich die Jahre dazwischen als mildernde Umstände geltend machen, die Jahre nach dem Wegzug aus unserer Stadt, nach Freiburg, an die neue Schule, steckt da eine Erklärung drin?

Weißt Du noch, daß ich mich erst ewig lange nicht mehr bei Dir gemeldet und dann zu Deinem siebzehnten Geburtstag siebzehn Karten geschrieben und sie Dir alle auf einmal geschickt habe? Auf jeder stand was anderes, Gedichtbruchstücke, irgendwelche Witze, Zitate. Alles sollte nur fragen, ob Du mir den Schwimmbadquatsch verzeihst. Ich hatte immer noch das Licht vor Augen, in der Chlorsuppe, diese Scheinwerfer im Wasser, elektrischgrün. Das einzige, was ich als Antwort auf die Karten von Dir gehört habe, kam von Johanna, am Telefon: »Ich soll dir sagen, daß Sonja den Brief – oder was das war – gekriegt hat.«

Oder was das war. Nein, und ich will es auch gar nicht wissen.

Prima Umgangsformen hatten sich da entwickelt zwischen uns beiden. Ich war, wie sagen sie? Untröstlich.

Ein Jahr später haben mich Paul und Johanna und Christine mal in Freiburg besucht, im Spätsommer.

Wir waren abends zusammen aus, was trinken, mit meiner neuen Freundin, Tanja. Ich Tropf hatte mir schon eingebildet, ein ganz anderer, neuer Mensch geworden zu sein – da saßen wir fünf dann also, auf der Straße vor dem Unicafé, und lernten einander neu kennen. Geschnatter, Anekdoten, und ich und meine Tanja, ach Gott – ein Schauspiel muß das gewesen sein, ein Jammer: Ich konnte gar nicht von ihr lassen, hat mir Johanna später mit mildem Tadel mal gesteckt.

Ein völlig unzusammenhängendes Sinnendurcheinander, ihr langes braunes Haar, ein Duft von Unterm-Dach-Einschlafen mit offenem Deckenfenster, ihr dunkler Teint, ihre Kastanienaugen: Küssen, Anfassen, in Gesellschaft, die ganze Zeit, Abtauchen. Irgendwann bin ich aber aufgestanden, mußte aufs Klo. Ich habe gar nicht bemerkt, daß Paul hinter mir herkam. Auf einmal stand er neben mir, am Pißbecken im Keller des Unicafés, und schaute mich ernst und mitleidig an.

»Was denn? Stimmt was nicht?«

»Die Frau ist nicht zu beneiden«, sagte er kopfschüttelnd. Ich wußte nicht, was er meinte.

»Weiß sie es wenigstens? Hast du ihr mal was erzählt, oder ein Bild gezeigt?«

Es war mir bis zu diesem Augenblick tatsächlich nicht klar gewesen, daß Tanja aussah wie Du, sich auch bewegte wie Du, sogar ein bißchen so geredet hat, nur die Brille fehlte.

Es gab einmal die schönste Rose, die sich je getraut hat, zu blühen. Grausamer Winter friert die Knochen kaputt, hat mir meine Blume genommen. Ich hörte den Schlag der größten Trommel, Lied der Lieder.

Ab diesem Abend ging es rasant bergab mit Tanja und mir. Ich konnte das, sobald es mir bewußt geworden war, nicht aushalten: diesen Geruch der Wahrheit, vor allem, weil sich natürlich langsam zeigte, daß es eben auch eine distinkte Tanja gab, von Dir himmelweit verschieden, und ich also nicht einmal die Ausrede hatte, der obsessive Bösewicht zu sein, der ich gewesen wäre, wenn ich diese distinkte Person nicht bemerkt hätte, wenn sie mir egal gewesen wäre. Das Kranke ist: ich mochte sie gern.

Gegen Ende, als ich anfing, sie zu betrügen, zu belügen, an Wochenenden auf dem Trockenen sitzen zu lassen, als ich also schon alles unternahm, um aus der selbstgebauten Falle wieder rauszukommen, habe ich mich sogar langsam in sie verliebt.

Das war erst recht unerträglich – schließlich hatte ich doch wirklich kein Recht darauf, von ihr zurückgemocht zu werden, kein Recht, mir mit ihr etwas Eigenes, Anderes und Neues zu basteln, wo ich doch so eindeutig noch nicht auf den alten Wahnsinn verzichten wollte – auf den Himmel mit den Sternen aus hellstem Gold, auf meine perverse Pilgerreise durch die hohen und niedrigen Gegenden der ganzen Schuld an allem.

Es war scheußlich. Sie fing an, zu klammern, weil ich sie dazu verführt habe, mit meinem zerrissenen Gehabe, meinem Rhythmus von Abstoßung, Grobheit, Reue, Betteln, Treueschwur und Kälte, weil sie mich nicht loslassen, sondern unbedingt dahinterkommen wollte, welches Geheimnis ich ihr verschwieg. Sie hat wahrscheinlich gedacht, ich wäre eine Art Opfer putziger Verwundungen, nicht genug geliebt worden von Mami und Papi, vom Leben enttäuscht, traumatisiert, angepinkelt und bekleckert, und es wäre deshalb ihre Aufgabe, den Panzer zu durchbrechen, mich zu öffnen, zu trösten und wie die einfühlsame verzweifelte zwischenmenschliche Kotzscheiße heißt, die wir benutzen, um die Wunde Dummheit zu sterilisieren.

Flucht mit allen Mitteln – am Ende hatte ich es bei jedem aufrecht gehenden, mit zwei Augen, zwei Ohren und ohne Buckel durchs Gymnasium oder unsere Stammkneipen wakkelnden Mädchen probiert.

Erlöse mich, nimm mich mit nach Hause, rette mich vor Tanja, rette mich vor Sonja, vor mir selber und dem knallroten, stinkenden Nichts, das jenseits dieses Dreiecks sabbernd, heulend und mit irren Augen hockte und darauf wartete, mich endlich und verdientermaßen mit Haut und Haaren zu verputzen.

Kurz vor dem Abitur hat es endlich geklappt; irgendeine plakativ vertrauenzerfetzende Herzlosigkeit ist mir doch noch eingefallen, die grausam genug war, Tanja klarzumachen, daß sie nur noch um den Preis der Selbstaufgabe an mir hätte hängenbleiben dürfen.

Eine Woche lang kam sie danach nicht zur Schule. Ihre Mutter hat mich, als ich schließlich dort angerufen habe, nicht nur nicht durchgestellt, sondern so abgewatscht, daß ich mir wenigstens schmeicheln durfte: Jawohl, genau so, mit diesem Ton am Leib hätte der Chefankläger von Nürnberg sich wahrscheinlich an Adolf Hitler gewandt, wenn der auf der Anklagebank gesessen hätte.

Vielleicht drei, vier Monate später, mitten im länglichen

Lebensvakuum vor dem Zivildienst, rief ich noch einmal dort an. Wieder war Tanjas Mama am Apparat, hatte sich inzwischen etwas abgekühlt, aber nette Pointe parat: »Die Tanja ist im Urlaub, und wenn sie wiederkommt, fährt sie noch woanders hin, und dann wohnt sie nicht mehr hier, kommt nicht wieder und so weiter und will auch nichts mehr mit dir zu tun haben.«

»Verstehe«, mußte ich darauf antworten. Denn wer so etwas nicht versteht, wird sofort weggebracht, kommt nicht wieder und so weiter.

Mein, wie sagt man doch, Liebesleben danach, ach je: Immer bist Du, wahrscheinlich reichlich unfreiwillig, dabeigewesen. Jede Frau, mit der ich geschlafen habe, mußte vorher diesen Schatten anziehen, als wäre es ein Straps, ein Strumpfband, und wußte es nicht, weil ich es keiner gesagt habe.

Larvenschmuck: goldene Sterne als Bodenbesatz auf den weiten Fluren der Hölle.

Einige habe ich wirklich lebensecht kostümiert, oder entsprechend erwählt: welche mit Brillen waren dabei und solche mit zarten Handgelenken, welche mit grünen Augen und schmalen hellen Lippen. Einige sollten also, wegen irgendwelcher winziger Entsprechungen, wirklich Du sein. Andere nicht.

Immer habe ich die Narben gesucht, zum Küssen, um mich zu entschuldigen, was weiß ich, es war albern.

Jedesmal, wenn es so weit eskaliert war, daß ich mich zu jemandem sagen hörte: »Ich liebe dich«, hat sich in meinem Kopf ein gutinformierter Irrer ordentlich kaputtgelacht: Na, dann lieb mal schön.

Allein leben wollte ich aber auch nicht, aus Angst davor, daß aus dem Schatten dann ein richtiges Gespenst werden könnte – mich mußte jemand anfassen, ich selber habe mich nicht getraut. Schon der Gedanke, nachts, im Bett, an, wie sagt man doch, Selbstbefriedigung, war sofort ein Gedanke an Dich und also verboten, kaputt, pubertärster Schwulst, Ende der Fahnenstange, Kollaps.

Gab es einen Namen für das, was mir passierte, wollte ich den kennen, schlief ich, hatte ich geschlafen?

Junkie: Ich dachte, so weit weg von Drogen ist das ja nun nicht mehr, diese permanente Präsenz von etwas, das eigentlich substanzlos ist, aber das Nervensystem in Dauererregung hält, die Nächte auf drei Stunden schwitzendes Gewälz verkürzt, den Zivildienst anknabbert, das Studium durchsäuert, alle menschlichen Kontakte verätzt.

Folglich fing ich an zu saufen, bald auch andere Drogen zu nehmen, die sich nicht gewaschen hatten. Das ging etwa 1991 los. Zum Teil habe ich mir Zeug bei kompetenten Dealern gekauft, in Kneipen, die es, fällt mir jetzt ein, heute alle nicht mehr gibt, zum Teil habe ich auch Klinikbestände angeknabbert, ein bißchen Beruhigung hier, ein Schlaftablettchen da, zwischendurch Koks mit uralten Roadies von Bands wie Hailstorm und Full Copper Repipe auf dem Klo der Heavy-Metal-Disco. Eine Woche fast ohne Schlaf, eine Woche krank gemeldet nur im Bett, nach dem Zivildienst auf der Neurologie und in der Psychiatrie weitergejobbt, Spätschicht, Frühschicht, Vorlesung, Seminar, Absturz, Blackout, Filmriß, fehlende Tage, verschluckte Nächte, Sonja, Sabine, Katja, Sonja, Marion, Sonja, Sonja, Sonja, Sonja, *come into these arms of mine and set this spirit free.*

Seltsame Selbstablösung vom eigenen Körper: Was ist das

für ein Nasenbluten? Na, ist auch egal, ich blute ja nicht selber, es blutet mich. Ich grabe mir durch meine eigenen Innereien den Weg zu was Besserem im Diesseits, welches das weite Jenseits des engen Jenseits ist, in dem ich rumkrieche.

Mitte 1996 – erstaunlich spät, muß ich im Rückblick sagen – war ich dann richtig fertig, kam nicht wieder und so weiter. Das trug sich folgendermaßen zu:

Eine meiner lieben Drogen, und zwar die mit der nachhaltigsten Wirkung, dem größten Suchtpotential, war in der Zwischenzeit das Schreiben geworden. Du weißt, daß ich auch im Städtchen schon Flugblätter, Artikel für Pauls kleine linksradikale Schülerzeitung, ein paar Geschichtchen, frühreife Dramenversuche, Gedichte, sensiblen und wütenden Krempel verfaßt und in unserm kleinen Kreis rumgereicht hatte; vielleicht – der Gedanke gefällt mir natürlich – hast Du auch das geklammerte Broschürchen mit der Erzählung über diesen Kreis selber, »Helden« hieß sie, aufgehoben, mit den Zeichnungen unseres hochbegabten persischen Freundes Reza, der Dich immer »Rumpelstilzchen« nannte, um Dich zu ärgern. Das Ding schmückt eine Widmung eben nicht an Dich, sondern an Candela, weil mir ihre Haltung so vorbildlich war, weil ich sie so verehrt habe. Nun ja.

Die erste Zeit in Freiburg hatte ich dann allerdings nichts mehr geschrieben – es gab kein Thema mehr, ich hatte keinen politischen, keinen freundschaftlichen Arbeitszusammenhang. Gut, neue Freunde schon, aber niemanden, dem ich genug vertraut hätte, daß sie meine ersten Leser hätten sein können, wie im Dorf Paul und Johanna.

Dann aber fing es wieder an – bizarrer- oder auch folgerichtigerweise mit den siebzehn Karten an Dich, zum Geburtstag, und einigen Neben- und Nacharbeiten dazu.

Aus den Fragmenten richtige Texte zu machen war gar nicht schwer, kleine gedrechselte Epiphanien, Nabelschau, Lyrisch-Rhapsodisches, wild verschneit auf dem Papier angeordnet, meine Mallarmé- und Valéryphase auf ihrem verheerenden und peinlichen Höhepunkt. Und dann plötzlich: bittere kleine Alltagsbeobachtungen, Satiren, Weltschmerz nicht rein, sondern mit Galle.

Satiren, mit anderem Wort.

Eins von diesen Dingern habe ich dann an »Titanic« geschickt, das wurde meine erste richtige Veröffentlichung.

So lief das während der verratzten Jahre, der Flucht von Frau zu Flasche zu Pulver zu Frau zu Pille, einigermaßen lebhaft weiter, subkulturelle, auch politische Magazine, »Spex«, »konkret«, mit derselben Dynamik von Begeisterung, Ernüchterung, dann Enttäuschung bei jedem Text von mir, den ich damals und seither je gedruckt gesehen habe: Nichts davon kommt mir im Rückblick, das heißt beim Wiederlesen oft schon am Tag des Erscheinens, auch nur leidlich seiner eigenen Idee adäquat vor, immer sagt es nicht das, was ich sagen will, immer habe ich es beim Arbeiten und Wegschicken für präziser gehalten, als es ist, und das wohl aus keinem mit den Texten und Formaten zusammenhängenden Grund, sondern einzig der vielen verkehrten Adressaten wegen. Es ging alles hinaus an die Welt, nicht an Dich, und war insofern viel zu vage, viel zu breit gestreut.

Briefe an Dich, genau das hatte ich eigentlich schreiben wollen. Aber natürlich war ich nicht bereit, noch mal so eine vernichtend kühle indirekte Auskunft von Johanna zu erhalten: Sie hat's gekriegt, Ende.

Also lieber bedeutende Heftchen vollgekritzelt. Und wegen der Unzulänglichkeiten konnte es nie aufhören, jeder Text mußte und muß noch heute sofort mit dem nächsten überschrieben werden: Zwangsretusche.

Außerdem war das eine schöne weitere Entschuldigung dafür, nunmehr überhaupt nicht mehr zu schlafen – und das hat mich dann, im Verein mit dem Drogenblödsinn und der Neurose, vielleicht auch Psychose rund um Dein in mir festgefrorenes Bild, schließlich, nachdem es mich rund fünf Jahre weniger am Laufen als am Rennen und Stolpern gehalten hatte, 1996 endgültig umgeschmissen.

Das erste Mal war ein Text von mir in einem richtigen, wichtigen Buch enthalten, einer Anthologie, und die sollte jetzt auf einer Art Release-Party in einer großen, schicken Stadt dem interessierten Subkulturträgertum vorgestellt werden. Ich kranker Frosch sollte daran teilnehmen, meinen Kram vorlesen – ja, und da stand ich also am alten Freiburger Hauptbahnhof, jetzt auch schon wieder seit ein paar Jahren abgerissen, und merkte: Ich kann nicht in den Zug steigen. Ich kann nicht wegfahren, nicht vorlesen, ich kann nicht mal gerade auf den Beinen stehen, geradeaus kucken, ich spüre meinen Herzschlag und Puls nicht mehr. Ich bin tot.

Also habe ich schnell den Veranstalter angerufen, abgesagt, mich für die Einladung bedankt, und dann bin ich zusammengeklappt – es stellte sich heraus: Ich war gesundheitlich erzhoheitlich am Arsch, finanziell ganz weit unten durch – sogar Buchhandlungen wollten nicht mehr anschreiben lassen –, vereinsamt, verblödet, erfolgreich verrückt geworden. Endlich mal was richtig gemacht und gründlich erledigt: Applaus für den Trottelkrieger.

Daß und wie ich da wieder rausgekommen bin, verstehe ich heute, so dankbar ich dafür bin, kaum. Und genaugenommen, ich zitiere eine kluge Frau, will ich es »auch gar nicht wissen«.

Keine Zigaretten mehr, Orangensaft statt Alkohol, keine Pillen, keine Pulver, kein Marihuana, regelmäßig schlafen (na ja, anfangs eher: regelmäßig zur selben Zeit das Licht ausmachen und lange wach rumliegen, aber mit der Zeit hatte ich's raus, heute schlafe ich meine guten sechs Stunden, wenn alles glattgeht): Ein monströses Regiment, aber es war durchzuhalten, nicht zuletzt dank der eminenten Überdroge Arbeit, denn der blieb ich durch den Bruch hindurch treu. Die Texte aus den ersten nüchternen zwei Jahren gehören zu den wenigen, die ich manchmal ganz gern wiederlese. Was ich am wenigsten erwartet hatte, war das, was durch diese Entzugsdiktatur mit dem Verrückten passierte, der immer noch von Dir brabbelte, Dich in jedem Herbst im Rascheln gehört, Deine Moonboots-Fußstapfen jeden Winter im Schnee gesucht hat.

Er verschwand nämlich nicht mit dem destruktiven Lebensstil, sondern stellte sich als eine Art sicherer Anker raus. Seine neue Parole hieß: »Wenn du sie je wiedersiehst, darfst du ihr so kaputt nicht unter die Augen treten.« Etwas wie die Jenseitserwartung des Tiefgläubigen wurde daraus: Man denkt nicht immer dran, nicht jeden Tag, jede Minute, aber es reguliert das Leben, als eine Art abgespaltener besserer Persönlichkeitsteil, Freudsches Ich-Ideal, whatever. Der Verrückte stellte sich noch nicht mal neuen, gesünderen Beziehungen zu Frauen in den Weg, sowenig wie ein Christ heutzutage noch den ganzen Tag gegen den sündhaften Wandel der Umgebung geifern muß. Privatglaube, äußerlich säkularisiert, innerlich verschärft, erlaubt das Funktionieren in Alltag und Zweisamkeit. So hätte es ewig weitergehen können, zumal ich meine eiserne Reserve an aufgesparten Medikamenten hatte und weiterhin Kontakte zu Lieferanten in der Klinik- und Kneipenwelt hielt, falls ich mal wieder abzustürzen gedächte.

Dann kam der Anruf, ich glaube, von Martina oder Christine: Klassentreffen im Winter 1998, nicht im Städtchen selber, sondern in irgendeinem alten Clubhaus der Kaninchenzüchter, Feuerwehrleute oder dergleichen, in Maulburg – komm, wie du bist, bring deinen unbewältigten Dachschaden mit, wird lustig.

Was in den drei Wochen bis zur Veranstaltung mit mir und in mir vorging, kann ich nicht beschreiben.

Halt, Kommando zurück, Blödsinn, doch doch, es gibt ein Wort, das, mit dem dieser Brief anfängt: Schuld.

Ich habe damals übrigens, wie sagen sie, in einer Beziehung gelebt. Sehr gesund kam mir das zu der Zeit alles vor; sie war Pianistin beziehungsweise Organistin, das Leben mit ihr famos musisch und wohltemperiert. Eine ehrgeizige und aufmerksame, kluge und wache Frau, aber davon, daß bei mir im Hirn plötzlich das Buschfeuer ausgebrochen ist, hat sie nicht das geringste gemerkt. Auch meinen sonstigen dermaligen Freunden ist nichts aufgefallen, meinen Redakteuren, Betreuern, Lektoren – damals habe ich das Geld zum Leben hauptsächlich mit Übersetzungen verdient, einiges davon hat mir sogar Paul vermittelt, populärwissenschaftlicher Kram, am Rand zur Science-fiction-Theorie. Es war ganz einträglich, ich fand mich zurecht, äußerlich ging nach dem Anruf all das auch normal weiter.

Innerlich? Habe ich mich methodisch und rasend auf ein gelind spektakuläres Verbrechen aus Liebe vorbereitet.

Schlief ich, hatte ich geschlafen? Habe ich vorhin die maligne Sonja-Obsession mit einer gezähmten, stubenreinen Religion verglichen? Jahrelang hatte ich für meine liebsten Heftchen versucht, apollinisch und klar über das Extreme, Abwegige und Drastische in der populären Kultur zu schreiben, während ich ein alles andere als apollinisches Leben führte; jahrelang hatte der rationalistische Bewältigungsansatz für alle Schrecken der Zivilisation, der Denkweg, den ich Dir in diesen Briefen systematisiert habe, als vager, nie ganz ausformulierter Grundeinfall jeden Text über Zombies, Heavy-Metal-Rock oder Porno-Comics gespeist.

Now the chicken came home to roost: jetzt war dieser Oberaufklärer unter den publizistischen Transgressionsforschern ausgerastet. Die Religion wird wohl krankhaft, wenn der Christ überall, in jedem Kaffeesatz, in jeder Wolke, jedem fremden Gesicht auf der Straße Anzeichen der Wiederkunft Christi sieht; genau so ging es mir. Vielleicht hätte ich mir bloß endlich einen auf Dich runterholen sollen.

Statt dessen hielt mich eine Phantasie gefangen, deren Verwirklichung die größte Katastrophe in unser beider Leben bedeutet hätte – und an dieser Verwirklichung machte ich mir bis zum fürs Treffen angesetzten Datum zu schaffen, als gäbe es danach kein Morgen mehr.

Let the show begin,
Step into the house that Sonja built.

Die Dosis und Zusammenstellung war, soviel Ratio blieb intakt, genau berechnet. Dir wäre »nichts passiert« – das habe ich mir damals immer wieder vorgesummt, als verbohrter Katatoniker: Ihr wird nichts passieren, ihr passiert schon nichts, wenn sie nur kommt, wenn sie nur wirklich dort ist, ihr passiert ja nichts.

Der Plan war bösartig und gestört, aber exakt.

Du wirst von KO-Tropfen gehört haben, von Rohypnol im Schnaps, von »Date-Rape-Drogen«, und aus Krimis kennst Du sicher Chloroform. Nichts davon war in dem Mix, den ich Dir zugedacht hatte, aber die Wirkung hätte Dich trotzdem umgeschmissen, und nur darauf kam es mir an.

Das glaubst Du nicht? Das kann nicht sein?

Genauso war es: Ich wollte Dich gegen Ende der Party vergiften, Dir mit dem Auto dann entweder hinterherfahren oder Dich sogar nach Hause bringen – die taktischen Fragen sollte der Abend selber klären, wichtig war nur, daß ich mein Fläschchen dabeihatte. Dann wärst Du in einem elektrischgrünen Zimmer wieder zu Dir gekommen, mit verbundenen Augen. Herzrhythmus Zombietrommel, Lied der Lieder. Der Blick auf diese Tage ängstigt: Zurückschauen ist lebensgefährlich, Lots Frau ist darüber erstarrt, Augen brennen wie Salz.

Du wärst erwacht. Ohne Übelkeit, Kopfschmerzen oder sonstige Nebenwirkungen, wie gesagt: alles war exakt bemessen – der Wahnschub, der mich erfaßt hatte, ließ mich jede Nacht die Einzelheiten dieses idiotischen Vorhabens durchdenken: Du würdest da also sitzen, gefesselt, schön wie damals im Schwimmbad, älter zwar, aber dieselbe Sonja, dieselbe Sehnsucht.

Und dann hätte ich sie berührt und geküßt, Deine Narben, und Dir erzählt, wie falsch das von mir gewesen war, Dich so zu terrorisieren, wie falsch aber auch Deine Angst: Als hätte es damals oder heute je irgend etwas an Dir geben können, das ich nicht schön finde.

Und draußen würde der Regen fallen und die Nacht sich

über alles breiten, und die Sterne würden stürzen, endlich wäre es ganz dunkel, friedlich, gut.

Der Abend kam, und alles geschah ganz anders.

Ich traf um sieben Uhr abends im Städtchen ein.

Dann habe ich Paul und Johanna abgeholt. Wir waren gleich recht lustig. Das Fläschchen schien zu flüstern und zu brennen, in meiner Hosentasche. Ich machte Grimassen dazu. Man hielt mich für normal. Das tat gut.

In der kleinen Halle angekommen, fand ich alles zurechtgemacht: Die zusammengeschobenen flachen weißen Tische, die Klassenzimmerstühle, das Bier, die Plätzchen von Heike, die kleine Küchennische, Caroline, die jeden umarmte, und den schon restlos besoffenen Arzt und Wikinger Chris, der immer wieder brüllte: »Nicht geheiratet! Ihr habt gedacht, daß wir heiraten, aber ich hab sie nicht geheiratet! Ich bin besoffen, schwul und lesbisch, aber nicht mit ihr verheiratet!«

Er meinte Christine, die sich, einerseits peinlich berührt, andererseits gleichwohl strahlend freute.

Candela war nicht da, und auch nicht mein persischer Illustrator – Paul und ich haben die beiden, weil so viel unscheinbar Unglaubliches passiert ist auf dem Fest, erst hinterher vermißt, dann aber gründlich.

Wäre es mir in den Jahren dazwischen gelungen, Dich halbwegs zu vergessen, hätte ich ein Künstler wie Reza oder ein gerechtes Willensmonster wie Candela werden können.

Verpaßtes, Abwesendes: Durchsicht auf die Welt nebenan.

Viele, dachte ich, als die erste Euphorie sich legte, sind eigentlich nicht gekommen, aber da hinten, an den großen Fenstern, in die Ad Reinhardt eine ganz besonders grauschwarze vorweihnachtliche Nacht gemalt hatte, steht sie. Da bist Du nämlich wirklich gestanden, mit Albert, wie damals auf der Party bei Christine.

Ich bin lange, mindestens eine Stunde lang nicht zu Dir gegangen – es gab Leute zu begrüßen, und ich mußte acht geben, daß ich nicht plötzlich vom Schlag getroffen wurde oder von meiner verbrecherischen Tollkühnheit, meinem irren Plan angezündet. Dann wäre ich – der Gedanke kam mir wirklich – wie eine Wunderkerze abgebrannt, vor aller Augen, im niedlichen Kaninchenzüchtersaal.

Du warst so schön, wundervoll und furchteinflößend, wie seinerzeit, wie ewig: ruhige, ins Gespräch mit den alten Freundinnen und Freunden vertiefte Mahnung meiner ganzen Angst.

Du mußt gesehen haben, wie ich zu Dir hingeschaut habe, trotz Unterhaltung, trotz Franziskaner Weißbier, trotz den Fotos, für die ich mit Paul posiert habe – zwei Zigaretten in zwei kalten Windhundschnauzen, Arm umeinander gelegt, ach wie vor Jahren.

Jochen hat die meisten Aufnahmen gemacht an diesem Abend, mit meiner Kamera. Ich schaue sie mir gerade an, in den kleinen Schreibpausen, ihr Zuhause ist ein riesiges rotes Fotoalbum, das liegt aufgeschlagen auf meinen Knien, während ich tippe.

Der echte, nicht papierne Paul schläft gesegnet, ich sehe ihn, wenn ich über den oberen Bildschirmrand gucke. Er liegt auf der Couch, als wäre er über Dr. Freuds neuesten Deutungen eingeschlafen.

Die Fotos sind natürlich schwarzweiß, das war damals noch ein Tic von mir, weil doch die *ganz* alten Bilder, die von Johanna, mit denen sie irgendwann Mitte der Achtziger angefangen hat und von denen wohl jeder aus unserem

Haufen noch Abzüge hat, auch schwarzweiß waren. Die frühesten, die ich besitze, sind von 1985. Alles auf ihnen ist mir wichtiger als alles andere auf jedem anderen Bild, das ich habe. Woraus sich, o defekter Geist, für mich einmal zwingend ergab, daß man wichtige Sachen so knipsen muß, schwarzweiß, auch wenn man von Licht und Bildkomposition gerade nicht Johannas instinktives Wissen, aber auch keine systematische, eben einfach überhaupt gar keine Ahnung hat, sondern bloß einen Knall und nur einen ganz billigen Fotoapparat besitzt.

Nach dem Clubabend in Maulburg, das fällt mir gerade auf, habe ich nie mehr schwarzweiß fotografiert.

Hat Johanna mich beobachtet, haben Birgit, Martina, Anne was gesehen?

Seit ich mit neun Jahren im Schreibwarengeschäft gegenüber der Riedler-Bäckerei mal einen Gummistempel geklaut hatte, war ich nicht mehr so sicher, daß leider alle wissen, was in mir vorgeht. Ich überlegte, ob ich aufstehen und das Zeug ins Klo kippen sollte. Ich wußte plötzlich, daß ich es nicht fertigbringen würde, wie auch, was denn überhaupt, und dachte doch immer an Dich, auf dem fantasierten Stuhl, an Deinen flachen Bauch, Deine nackten Arme und Beine.

Irgendwann stand Paul auf. Sofort wurde der kleine Kreis auf Kinderstühlen, der sich bei ihm und mir gebildet hatte, brüchig. Wolfgang holte sich ein frisches Bier, Anne mußte auf die Toilette. Jetzt saß ich alleine da, blickte mich um, und standst Du links von mir, vor mir, in weiten Jeans, eierschalenfarbenem Baumwollhemd, mit skarabäusschillerndem Halstuch: »Na, darf ich mich hinsetzen?«, und hast mich freundlich angeguckt.

Ich weiß nicht, wie ich ausgesehen habe.

Wahrscheinlich wie ein Toter. Aber genickt habe ich sicher, und Dir erlaubt, Dich zu mir zu setzen.

Danach starrte ich ein Weilchen geradeaus und spürte Deinen Blick auf mir und dachte, er verbrennt mich, na gut, bitte, gern. »Wie geht es dir? Du siehst ... aus als wärst du ... krank?« hast Du gefragt. Ich konnte, wer weiß, wie, deutlich hören, daß Du dabei gelächelt hast. Alles war stehengeblieben um uns, dann drehte es sich langsam, eine sonjazentrische, kristalline Welt, aller Augen waren abgelenkt, niemand schaute her, alle beschäftigten sich miteinander und mit sich selbst – wie viele waren im Raum, fünfzehn, zwanzig Menschen? Und Paul, wo war der hin?

Da habe ich Dich angesehen. Du warst deutlich wie im lang vergangenen Herbst, als Du mich schon einmal gefragt hattest, wie es mir geht.

Da mußte ich auch lächeln, und stammeln: »Nee, ist ... es ist bloß ... wenn du, wenn ich dich anschaue ...«

Da ging's nicht weiter, dachte ich, aber dann fiel mir doch ein, wie man's sagen konnte, einigermaßen züchtig: »Es ist nicht besser geworden, mit den Jahren. Du bist immer noch ... ich finde dich so wahnsinnig schön, alles an dir, nicht nur, was ich sehen kann, sondern ... wie schön, das kannst du gar nicht wissen.«

Du hast den Kopf geschüttelt, sacht, aber deutlich: »Du kennst mich doch überhaupt nicht.«

Das sollte eine Widerlegung sein.

Mit der hatte ich es leicht: »Nein, das stimmt. Ich kenne niemand anderen, nicht mal mich selber. Wenn ich aber nicht wüßte, wer du bist, Sonja, würde ich lieber gleich alles vergessen, was ich sonst wissen kann.«

»Für dich«, hast Du gesagt, »na gut. Aber wer bist du für mich?«

Ein Stromschlag Panik: Würdest Du mich jetzt richtig abkanzeln? Aber Dein nächster Satz wollte ganz woanders hin: »Möchtest du mir das endlich mal erlauben? Das rauszukriegen, wer du eigentlich bist?«

Und dann hast Du Deine rechte, warme, gar nicht große, aber feste Hand auf meine beiden verknoteten Fäuste gelegt, die ich auf dem Tisch hatte liegen lassen, wie zwei mir sehr fremde Steine.

In der Mitternachtssonne sah ich zu, wie die Farben auf Deiner Stirn ineinanderfluteten. Bring mir das elektrische Grün zurück, meinen Lieblingstraum. Alle Zeit ist verschwendet, die man nur damit verbringt, neben der Menschheit herzurennen. Ich will mein Geld zurück, ich will Dein Bild zurück. Komm, wir rauchen mal eine zusammen. Sonnenaufgang, Sonnenuntergang. Fingerabdrücke auf Tablettenröhrchen. Erleuchtung.

Vieles habe ich in dem Moment kapiert, viel zu spät allerdings – zum Beispiel, daß damals gar nicht Du den unnahbaren Part gespielt hast, sondern ich, mit meiner Hyperstürmerei, meinem Drängeln und Gefuchtel: Indem ich keine Minute zur Ruhe kam, ließ ich Dich nicht zu mir.

Ich habe mich mit dem Theater eigentlich vor Dir versteckt, und Du hast das sogar gewußt.

Auch Johannas Rolle wurde mir auf einmal klar – ich sah die Jahre, die sie darauf verwendet haben muß, uns alles über einander zu erklären, uns zu beschützen, zu helfen, denn sie stand, als Du zu mir kamst, an der Kochnische, bei den Salaten, und schaute als einzige von allen zu uns her, als Deine

Hand auf meinen lag und Dein Kopf sich meinem näherte und Du mich auf die Wange geküßt und leise gesagt hast: »Wollen wir uns mal kennenlernen, wie zwei erwachsene Menschen?«

Es war das schlimmste Schöne.

Ich habe mich so geschämt, daß mir schlecht wurde. Das Blut hat laut im Hals gepocht, alles war violett und schwarz geworden, obwohl Du mir doch eigentlich nur endlich ein Licht aufstecken wolltest. Ich habe Deine Hand verloren, meine Fäuste unter ihr weggezogen, und etwas gesagt wie: »Sonja, mir ... mir ist wirklich überhaupt nicht gut.«

Dann stand ich auf, Roboter mit Kurzschluß, und lief weg.

Niemand hätte mich je eingeholt und wiedergefunden, wenn ich nicht auf der überstürzten Flucht schließlich vor dem Haus von Pauls Eltern geparkt hätte, wo er mich drei, vier Stunden später zitternd, verwirrt, betrunken – die alte Tankstelle beim Friedhof gab's noch, Whisky konnte man da ganz leicht kaufen – entdeckt und zu sich auf sein altes Zimmer mitgenommen hat. Dort habe ich ihm alles erzählt, wie immer, wie damals. Was er gesagt hat, weiß ich nicht mehr. Aber daß wir es beide für das beste hielten, wenn ich mich erst einmal mit allem möglichen anderen statt mit Dir beschäftigte, daran erinnere ich mich gut.

Es hat nur nicht funktioniert. Denn jetzt gab es nicht weniger, sondern mehr zu sehen und zu verstehen als vorher. Das dauerte dann etwas länger als vorhersehbar. Dreizehn Briefe.

Verstehst Du?

D.

Brief übers weite Meer

Auf den Wellen, Sonja,

sieht man Schaum aus elektrischer Wolle, der viel länger fest bleibt, als man meinen sollte. Der Wind nimmt ihn den Wellen weg und treibt ihn über den Sand bis zu den Büscheln von hellgrünem Gras, die sich an den Zäunen der kleinen, nicht verläßlich sturmfesten Häuser aus Holz zu kleinen Gruppen zusammengerottet haben. Das Pier südlich vom schönsten dieser Häuser, einer kleinen gelben Hütte, gehört zu einem Bau aus Beton, in dem man essen gehen kann. Es reicht so weit in den Atlantik hinein, wie die Straße lang ist, in der Du gegenüber Paul gewohnt hast. Sehr gut riecht da der Tang.

An der Water Street gibt es eine Gruppe von Bäumen, direkt vor einem Gerichtsgebäude, dort stehen abends Jugendliche, die ich belauscht habe. Sie reden so, als wären sie fünfunddreißig, über Gefühle, die man nur mit fünfzehn deutlich sieht. Der Wortschatz nimmt wundersam zu, wenn es um diese ernsten Dinge geht. Der Essayist und Kulturkritiker muß solchen Wortschatz beneiden. Man könnte, denke ich, hier jede Nacht verbringen, auf einer dieser Bänke, ihnen zuhören und sich die Präzision merken und die Dringlichkeit. Dann müßte man nach Hause gehen und bis zum Morgengrauen genauso schreiben, wie die reden. Nicht über Persönliches, sondern über Bilder und Bücher, Musik und Theater, Philosophie und Physik, Politik und Mathematik. Über elektrisches Grün.

Bloß ein ganz normaler Tag, ein ganz normales Mädchen, aber sie hat zum Himmel hochgeschaut.

Was ich meine, ist: Ich hätte die Briefe erst hier verfassen sollen, unter diesem Eindruck, dann wäre ich vielleicht imstande gewesen, mich wirklich in die Konkretion einzulassen, um die es geht.

Schauspielerei, Geste, das hätte die Stärke der ganzen Erörterung sein müssen, statt dessen biete ich Dir nur die übliche deutsche Schwere an, den alten Mürbeteig. Und das, wo ich Dir doch Gedanken über eine Kunst und ein Netz von Erlebnissen versprochen habe, bei denen das Einzelereignis mehr gilt als der logische Zusammenhang.

Der derselben italienischen Horrorschule wie Lucio Fulci zugehörige, wenn auch erheblich auratischere und kühlere Dario Argento hat noch 1977 für seinen schönsten Film »Suspiria« mit Technicolor gearbeitet, weil man damit gellendere Lichtertöne rausholt als mit dem damals üblichen Filmmaterial, das heißt: weil man damit deutlichere Primärfarbeffekte erzielen kann.

Farbschatten: Das Objekt ist blau, der Schatten grünlich.

Ein später Bruder der Präraffaeliten, dieser Schreckensfilmer – sie und die Impressionisten haben am liebsten auf weißem Grund gemalt, um die Brillanz der Pigmente zu steigern. Die Farbfülle des Gemäldes »Ophelia«, das Millais von 1851 bis 1852 geschaffen hat, ist nicht einmal von avanciertem Computerdruck zu reproduzieren.

Vergötterung des richtig benannten Details in Deiner Handfläche und in den Werken der Künstler, nicht logischer Zusammenhang: Oh der reichen Leichen- und Anatomie-Lyrik bei Death-Metal-Bands wie Autopsy und Carcass, oh der Schönheiten in Poppy Z. Brites »Exquisite Corpse«.

Alles opfern für die Konkretion: Wie recht hatte eigentlich der Satiriker Horst Tomayer, als er schrieb, die abstrakte Plastik sei das Feigste und Dümmste, was es in der politischen Kunst überhaupt geben könne?

North Carolina ist ein wunderschönes Land.

Hier haben die Menschen angefangen zu fliegen: Die Anfänger hießen Wright und waren zwei Brüder. Chicken Tenders auf Salatblatt, Pommes frites mit Honigsenf: Das Gericht kommt leider nicht in der Bibel vor, aber da gehört es hin. Ich habe einen Engel gesehen, der kam gerade von der Küste, ist landeinwärts per Anhalter gefahren, hat mir zugezwinkert, als ich im Auto gerade die North College Road runterkam, auf dem Weg zum Wrightsville Beach.

Man kann sich darauf verlassen, daß die Natur der Dinge einen überrascht.

Sie nennen es ein »estuary«, wenn ein Fluß in der Art auf ein Meer trifft, daß die Flut manchmal genug Salzwasser vor sich her schiebt, um den Fluß, wie hier den Cape Fear River, dazu zu zwingen, landeinwärts zu fließen. Überm »American Pie«-Laden wohnt jemand, da stehen Bücher an allen Wänden. Das Haus ist winzig, aus Backstein, weiß-rosa angestrichen. Wenn ich alles Geld der Welt hätte, würde ich es kaufen und da oben einziehen. Die Bücher dürften dableiben, ich würde dann noch ein paar eigene schreiben.

Südstaaten-Baptisten, Demokraten: Der Laden, wo ich Klopapier kaufe, hat an den Wänden immer noch Bildchen von Jimmy Carter hängen. Am Sonntag singt in jeder Kirche ein Haufen Leute viel von Hoffnung.

Ich bin sehr gerne hier. Es ist fast nie richtig Tag, immer Abend, manchmal schon morgens um sieben. Das muß die

Sonne sein, die Luftfeuchtigkeit, die Farbe der Wolken über Eagles Island, das Licht in der Zufahrt zum Bradley Creek.

Gott ist Kommunist. Man merkt es noch nicht, außer an den Farben der Natur, aber er hat ja Zeit.

»Food Lion Grocers«: Die haben nicht nur alles zum Essen, was man will, sondern auch alle Zeitschriften darüber, wer jetzt schon wieder schwanger oder im Gefängnis ist. Die Leute fragen sich: Wenn der Orkan auch hier Folgen hat, wird dann die FEMA (Federal Emergency Management Agency) Geld rüberschieben?

Man sieht wenige Möwen, aber viele kleine graue hübsche Vögel, deren Namen ich nicht weiß.

Was meinte John Barth mit der »Literatur der Erschöpfung«?

Im Village Market arbeitet ein *slightly transgendered* Schwuler mit blond gefärbten Kringellöckchen, dezent geschminkt, der hat die beste Milch, den besten Käse und weiß Geschichten vom Heiligen Geist, vom Herzen Jesu und von Junkies.

Die schönste Kneipe an der Water Street hat nicht geöffnet und ist unbetretbar, der Schwule aus dem Supermärktchen weiß, sie war »a popular nightspot«. Die Bösen haben sie leider eingerissen, der neue Eigentümer will Eigenheime hinbauen.

Die Bevölkerung war traurig, dann ging das Leben weiter.

Wieso bildet man sich ein, daß einem etwas fehlt, wenn man es doch nie gehabt hat? Fühlen sich Blinde eigentlich blind, und was stellen sie sich darunter vor?

»The fantastic«, schreibt Linda Badley[1], »is based in somatic consciousness – in sensational existence that is tragically conscious of its material finitude and the presence of Otherness, in the torture, challenge, and horror-comedy of incessant change.«

Je öfter ich den Satz lese, in dem Buch, das ich mir aus der Bibliothek des Community Centre an der Ecke ausgeliehen habe, desto mehr frage ich mich, ob nicht die Spekulation in den dreizehn Briefen das Reale, die Geschichte mit Dir aber nur etwas Phantastisches ist.

Habe ich mir den Betäubungsmix im Fläschchen vielleicht nur ausgedacht? Hatte ich am Abend des Klassentreffens wirklich so etwas dabei? Andererseits: Wenn ich es mir ausgedacht hätte, um es Dir aufzuschreiben, was wäre dann die Absicht dabei? Wenn ich Dir einen neuen Kontext für die Szene zwischen uns erfinde, die Du kennst, an die Du Dich erinnern kannst – das Zusammensitzen, die Hand auf den Fäusten, der Kuß auf die Wange –, einen Zusammenhang, der das alles in etwas Unheimliches und Gefährliches verwandelt, was könnte dann damit gemeint sein? Spürst du die unruhigen Blicke anderer Augen, die mitlesen; sind die Briefe überhaupt an Dich gerichtet – nur an Dich, zuerst an Dich, zuletzt?

Ein schönes Schild, selbstgemalt, eines Arbeitslosen an der Military Cutoff Road:

Homeless
Hungry
God Bless

Das Telefonieren nach Europa ist gar nicht so teuer. Paul hat Dich gefunden. Ihm schicke ich das Ganze, er übergibt es Dir dann. Er hat jetzt eine Wohnung in Basel, nah seinem neuen Arbeitsplatz an der Uni dort. Nicole wohnt bei ihm. Es ist nicht einfach; aber er macht andere Fehler als ich, unmittelbare, solche, die nicht viele Jahre fressen, und dazu sollten wir ihm beide gratulieren.

Meldest Du Dich?

Paul weiß, wo ich bin.

D.

Anmerkungen

Brief über die Bestimmung des Gegenstands und das Eigentum am kulturellen Gift

1 Joan Hawkins: Cutting Edge. Art-Horror and the Horrific Avant-Garde. Minneapolis, London: University of Minnesota Press 2000, S. 117 ff.

Brief über die absichtliche Zerstörung von Zusammenhängen

1 Dale Peck: Martin and John. New York: HarperCollins 1993, S. 22 (Davids Übersetzung)

2 John McDowell: Geist und Welt. Frankfurt am Main: Suhrkamp 2001, S. 7

Brief über Kunstfreiheit und Tränengas

1 Mo Hayder: Der Vogelmann. München: Wilhelm Goldmann Verlag 2000, S. 324

2 Michael Marano: Dawn Song. New York: Tor Books 1998, S. 27 f. (Davids Übersetzung)

3 Norman Mailer: The Time of our Time. New York: Random House 1998, S. 1073 (Davids Übersetzung)

4 Mailer a. a. O.

5 Bret Easton Ellis: American Psycho. Köln: Kiepenheuer & Witsch 1993, S. 341 f.

6 Ellis a. a. O., S. 342 f.

Brief über gestreckte Zeit, Aufklärung und andere Arten von Unnatur

1 Sehr einleuchtend nachvollziehbar etwa anhand von Francis Bacon: Neu-Atlantis, Stuttgart: Reclam 1982.

2 Barbara Maria Stafford: Kunstvolle Wissenschaft. Aufklärung, Unterhaltung und der Niedergang der visuellen Bildung. Amsterdam/Dresden: Verlag der Kunst 1998, S. 164

3 Marquis de Sade: Die Philosophie im Boudoir. Gifkendorf: Merlin 1989, S. 195

4 De Sade a. a. O., S. 199

5 De Sade a. a. O., S. 211

6 De Sade a. a. O., S. 237
7 De Sade a. a. O., S. 101
8 De Sade a. a. O., S. 305
9 De Sade a. a. O., S. 315
10 Dazu Andreas Speit (Hg.): Ästhetische Mobilmachung. Dark Wave, Neofolk und Industrial im Spannungsfeld rechter Ideologien. Hamburg/Münster: Unrast 2002

Brief über die unedlen Metalle

1 Inzwischen auch auf deutsch – Michael Moynihan und Didrik Soderlind: Lords of Chaos. Satanischer Metal – Der blutige Aufstieg aus dem Untergrund. Zeltingen-Rachtig: Prophecy Productions 2002

Brief über uns

1 Zitiert nach Henning Ritter: Die Fassaden am East River. Frankfurt am Main: Suhrkamp 2000, S. 9

Brief über Vernunft und Drohung

1 Die Rezeption und Weiterverwertung faschistischer Ästhetik in den Kreisen kulturindustrieller Drastikschaffender aber natürlich einiges. Siehe dazu vor allem Kriss Ravetto: The Unmaking of Fascist Aesthetics. Minneapolis: University of Minnesota Press 2001
2 Dagegen polemisiert sehr wirkungsvoll John Doggett: Something to do with Electricity, Poltergeists, Hitler and whatnot. Washington: Walter Skinner Press 2001
3 Ein Beispiel für viele bietet Jan Philipp Reemtsma: Mord am Strand. Allianzen von Zivilisation und Barbarei. München: Siedler 1998, s. etwa S. 11
4 Zitiert nach Reemtsma a. a. O., S. 176
5 Er ist zu finden mit Hilfe von Henning Ritter: Der lange Schatten. Überlegungen zwischen den Tagen. Frankfurt am Main: Insel 1992, S. 285 ff.
6 Beide in Michel Foucault: Dits et Écrits, Schriften Bd. 3, Frankfurt a. M.: Suhrkamp 2003
7 Hier hat David entweder das falsch verstanden beziehungsweise erinnert, was Paul ihm erzählt hat, oder Paul hat ihn bewußt in die Irre geführt: Die angeblich fiktive und literarische Idee ist in Wirklichkeit eine historisch gut dokumentierte Anekdote. Das Gespräch verlief allerdings in umgekehrter Richtung, denn es war Deleuze, der die Arbeitsteilung vor-

schlug und Foucault dabei die Marx-Aufgabe zuwies. So steht es in Michel Foucault, Dits et Écrits, Schriften Bd. 1, Frankfurt a. M.: Suhrkamp 2001, S. 63.

8 Kurios berührt hier das möglicherweise vielsagende Detail, daß weder David noch Paul in ihrem Gespräch über den allen beiden so arg verhaßten Foucault auf den abstrakten Denkhintergrund zu sprechen kommen, der diesen Widerwillen entscheidend genährt hat: ihren gemeinsamen Antiklerikalismus, der eng mit ihrem traditionalistischen Aufklärungsbegriff zusammenhängt und der sich seinerzeit, in den Jahren um 1984, unter anderem in vergleichsweise spektakulären Flugblattverteilaktionen vor örtlichen Kirchen an ausgesuchten Sonntagvormittagen äußerte. Der verachtete Franzose war jedenfalls kein Antiklerikaler – er hat nicht nur mehrfach Partei für religiöse Aufstandsbewegungen wie die polnischkatholische Muttergottesgewerkschaft und die schiitischen Revolutionäre Khomeinis ergriffen, sondern auch in seiner Anti-Gefängnis-Agitation eng mit Pfarrern zusammengearbeitet und ist seinen Forschungen über die Geschichte der Sexualität auf freundliche Einladung des Dominikanerordens ausgerechnet in dessen Pariser Bibliothek nachgegangen. Eine Folge von drei Werken, die sich mit dem »König Sex« auseinandersetzt und gegen die »Repressionshypothese« wettert, entstand also, was für ein schöner ideengeschichtlicher Treppenwitz, im Schoß der seit Jahrhunderten aggressivsten sexualrepressiven Organisation der abendländischen Geschichte: der katholischen Kirche.

Brief über Nachrichten

1 Seltsame Bescheidenheit: David verschweigt hier schüchtern, daß er während mehrerer Jahre bei der Zeitung nicht nur um drei Dutzend ihm als Schreibgegenstand angetragene Hitlerfilme einen großen publizistischen Bogen gemacht hat, von dem er überhaupt nur einmal abgewichen ist, nämlich zum Zweck einer Kritik eines Hitlerfilms, deren ganzer Witz in der Darlegung seiner Abneigung gegen das Vorhandensein und journalistische Wichtignehmen von Hitlerfilmen überhaupt bestand, sondern vor allem auch abstrakt und insgesamt eine Menge Energie in das Unternehmen investiert hat, sich von der allgemeinen Hitlerbegeisterung der deutschen Medien nicht anstecken zu lassen. Etwas, das Paul Ende der Achtziger gesagt hat, war ihm nämlich als Redakteur immer gegenwärtig: »Diese ganze aufgetakelte Hitlerscheiße hat den Sinn, weißt du, sich als demokratisch, kritisch und so fort zu verkaufen – es braucht offenbar schon Adolf und seine Streiche, um überhaupt noch etwas zu finden, von dem man sich vorteilhaft unterscheiden kann, so trist ist die Lage. Und bald

wird es überall, auch in den intellektuellsten Feuilletons, so aussehen wie jetzt nur auf den Titelblättern vom dummen ›Stern‹: Abwechselnd Potenz-, Nachwuchs- oder Partnerschaftssorgen einerseits, Hitler andererseits, unterbrochen von momentanen taktischen Hetzschwerpunkten, also Ländern, die es zu bombardieren, oder Minderheiten, die es zu verfolgen gilt.«

2 David hätte es da wirklich einfacher haben können, wenn er nicht bestrebt gewesen wäre, der Propagandaformel »Haßindustrie«, die hier und da in den Medien benutzt wurde, mit Hilfe seiner viel zu vielen aufgeklärt-moralischen Argumente gleichsam seitlich zu entkommen, anstatt sich frontal dagegen zu wenden. Er hätte, wäre es ihm um diese frontale Wendung gegangen, bloß schreiben müssen, daß gegen Haß und Wut an sich überhaupt nichts vorliegt und deren emphatische Verurteilung als Reaktion auf so ein Ereignis nur bigott ist, nämlich viel größere Sauereien decken soll. Wolfgang Pohrt hat in einem analogen Fall genau das getan, mit einer akkuraten Apologie der Zerstörungslust: »Aus reiner und eingestandener Lust etwas tun, was schädlich ist und teuer werden könnte – so sind wir nicht gebaut. Beim Spaß fangen wir an, zu knausern. Wirklich gefährlich wird die Zerstörungslust erst, wenn sie so gut rationalisiert ist, daß der, welcher sie empfindet, überhaupt nichts mehr von ihr weiß. Mit dem Satz ›Jetzt ist mir danach, alles kurz und klein zu schlagen‹, begann ein Krieg noch nie. Kriege beginnen, wenn Rechtsprinzipien oder die Bevölkerung zu schützen sind. Das war 1939 so, und das ist heute nicht anders.« (Wolfgang Pohrt: FAQ. Berlin: Edition Tiamat 2004, S. 164). Pohrt hat damit auch genauer als David irgendwo in den Briefen dasjenige Erbteil der europäischen Vernunfttradition benannt, das sie für die mal zynische, mal wahnhafte und mal verwirrte Art der mehr oder weniger gelehrten Angriffe nach dem Zweiten Weltkrieg von Adorno bis Foucault, gegen die sich David ereifert, überhaupt erst verwundbar gemacht hat: ihre Trennung von den Leidenschaften und ihre Indienstnahme durch pseudoarchaische, rassistische oder sonstwie naturalisierte Herrschaftsrechtfertigung. Diejenige Vernunft, in der das nicht vorkommt, woran die Drastik erinnert, nämlich das gebrochene Versprechen der Schaffung eines Orts für die Leidenschaften, an dem sie gelebt werden könnten, ohne daß Menschen gequält würden, sorgt als die das Quälen rationalisierende Herrschaftstechnik für den schlechten Ruf der Vernunft bei sehr vielen Unterdrückten und Verfolgten in der Moderne.

Brief übers Schwimmen und den großen Fehler

1 Maliziöses Wunder der Synchronizität: An dem Tag, an dem David diesen Brief schreibt, in dem Johanna Rauch öfter genannt wird als in irgendeinem anderen, begegnet ebendiese Frau in Mannheim ausgerechnet Paul, das erste Mal seit drei Jahren. Sie unterhalten sich über Gegenwärtiges und Vergangenes, also auch über David, der für sie zu beidem gehört. Johanna sagt dabei schließlich Sätze, die David in diesem Moment eigentlich die Ohren zum Klingen bringen müßten, wenn wirklich alles im Universum so unteilbar miteinander verbunden wäre, wie Monisten, Buddhisten und manche von den Forschungen des J. S. Bell ein bißchen besoffene Physiker glauben wollen: »Ja, der macht ja die unmöglichsten Verrenkungen in seinem Blatt da, ich weiß nicht wieso – frickelt an supergescheiten Sätzen rum, die gar nicht mehr aufhören, um möglichst viel linksradikale Konterbande unterzubringen, dabei hilft das keinem was. Bildungsbürger beeindrucken, so doof war der früher nicht. Ich glaube, der ist im Eimer, der schreibt nichts mehr, was auf den Punkt kommt, nur noch diese Fingerspiele mit roten Argumentfädchen. Hätte was werden können, mit mehr Askese. Diese panische Veröffentlicherei, dieser Erfolg, das hat ihn versaut, jetzt ist alles nur noch Kasperletheater. Total traurig eigentlich.« Paul antwortet mit gesenktem Blick, leicht lächelnd: »Er wünscht sich von mir, daß ich Sonja finde. Will ihr was schreiben.« Johanna sagt dazu, was dazu zu sagen ist: »Ach du gute Güte.« Dann reden sie von was anderem und trennen sich bald, wie immer als treue Freunde.

Brief über Pornographie und Verträge

1 Erneut springt ein auffälliges Versäumnis ins Auge: David nennt hier wie an anderen dazu einladenden Stellen Laura Mulvey nicht, deren Essay »Visual Pleasure in Narrative Cinema« von 1974 die ganze weitere Richtung der feministischen Erforschung des männlichen Blicks bestimmt hat. Ausweislich mehrerer Texte, die er veröffentlicht hat, sind David die Theorien Mulveys und anderer Köpfe dieser Richtung durchaus bekannt. Daß er sie hier nur summarisch und von der Seite der Ablehnung her referiert, obwohl einige von diesen Autorinnen getroffene perspektivische Entscheidungen bei der Betrachtung der Kulturindustrie den seinen durchaus verwandt sind, erscheint merkwürdig.

2 Dazu klug und freundlich Eliot Weinberger, »Sexualobjekte«, in ders.: Kaskaden. Frankfurt am Main: Suhrkamp 2003

3 Die Entstehung dieser Konstellationen, als Geld zu Kapital und Fleisch zum Zeichen wurde, kann man an Dokumenten aus dem achtzehnten Jahrhundert aufweisen, s. etwa Bradford K. Mudge (Hg.): When Flesh Be-

comes Word. An Anthology of Early Eighteenth-Century Libertine Literature. Oxford, New York etc.: Oxford University Press 2004

4 Daß genau dieses Wissen darin ständig mitläuft, ohne je mit Zeigefinger oder Moralschlagstock im Hintergrund grell ausgestellt zu werden, macht den Film »Scarlet Diva« (2003), dessen Hauptdarstellerin Asia Argento, die Tochter des italienischen Horror-Autorenfilmers Dario Argento, nicht nur Regie geführt, sondern auch das Drehbuch geschrieben hat, zu einem der schönsten Beispiele ästhetisch, politisch und menschlich achtenswerter Drastik, welche die Kulturindustrie je hervorgebracht hat. Alle Drogenabstürze, Affären und Einsamkeitsangstzustände des weiblichen Pornostars in diesem Film werden mit respektvoller Distanz zur Figur erzählt – wie Mißgeschicke, die auch pedestren Existenzen passieren können: Autoschlüssel verloren, Ärger mit der Versicherung. Neutralität, aufgeklärte statt aufgeregte Erzählhaltung und angenommene Mündigkeit der Heldin schaffen Rührung, Anteilnahme, Sympathie. Um so erstaunlicher, daß der fabelhafte Film, den David zum Zeitpunkt, da er die Arbeit an den Briefen beginnt, siebenmal gesehen hat, im ganzen Briefcorpus und besonders in diesem Brief nicht erwähnt wird.

5 Es könnte sogar sein, daß freie Menschen insgesamt sehr anders aussehen als freie Handelssubjekte, d. h. im gegebenen Kontext: freie Huren. Dazu besonders instruktiv auch die erstaunliche Autobiographie einer der weltweit erfolgreichsten Pornodarstellerinnen der letzten zwanzig Jahre, Jenna Jameson (mit Neil Strauss): How to ... make Love like a Porn Star. New York.: Regan Books 2004.

Brief über Paul und Nicole

1 Baruch de Spinoza: Ethik in geometrischer Ordnung dargestellt. Hamburg: Felix Meiner Verlag 1999

Brief übers weite Meer

1 Linda Badley: Film, Horror and the Body Fantastic. Westport: Greenwood Press 1995, S. 35

Suhrkamp Verlag GmbH
Torstraße 44, 10119 Berlin
info@suhrkamp.de
www.suhrkamp.de